HACKERS
LE 5e POUVOIR

Yannick Chatelain et Loïck Roche
Avec la collaboration de Damien Bancal

HACKERS
LE 5E POUVOIR
Qui sont les pirates de l'Internet ?

MAXIMA
LAURENT du MESNIL • ÉDITEUR

Yannick Chatelain est enseignant-chercheur en stratégie et marketing. Auteur ou coauteur de nombreux ouvrages, il est spécialiste du commerce électronique, responsable de la majeure et du Mastère « Web marketing » et des techniques avancées de marketing des sites. Ses autres enseignements et recherches au Groupe École Supérieure de Commerce de Grenoble sont centrés sur l'impact des NTIC aux principaux domaines de l'entreprise.
Contact e-mail : yannick.chatelain@esc-grenoble.fr.

Loïck Roche, auteur ou coauteur d'une quinzaine d'ouvrages, est diplômé de l'Essec et Docteur en Psychologie, Directeur de la Pédagogie et Doyen du corps professoral du Groupe ESC Grenoble. Ses recherches et enseignements sont liés à l'impact des nouvelles technologies sur les organisations et à la performance individuelle et collective des hommes et des femmes qui font l'entreprise.
Contact e-mail : loick.roche@esc-grenoble.fr.

Damien Bancal est un spécialiste de la cybercriminalité. Auteur d'un ouvrage sur le sujet aux éditions Desmaret, il a également fondé et dirige le site de référence dans le domaine : www.zataz.com.

infos/nouveautés/catalogue : **www.maxima.fr**

MAXIMA
LAURENT du MESNIL • ÉDITEUR

192, boulevard Saint-Germain, 75007 Paris
Tél : + 33 1 44 39 74 00 – Fax : + 33 1 45 48 46 88

ISBN : 2 84 001 302.9

Sommaire

Partie 3
LES DIFFÉRENTES FORMES DE HACK

« Au XVIIIe siècle, les pirates et les corsaires créèrent un réseau d'information à l'échelle du globe : bien que primitif et conçu essentiellement pour le commerce, ce réseau fonctionna toutefois admirablement. Il était constellé d'îles et de caches lointaines où les bateaux pouvaient s'approvisionner en eau et nourriture et échanger leur butin contre des produits de luxe ou de première nécessité. Certaines de ces îles abritaient des communautés intentionnelles, des micro-sociétés vivant délibérément hors-la-loi et bien déterminées à le rester, ne fût-ce que pour une vie brève, mais joyeuse. »

Hakim Bey, *The Temporary Autonomous Zone,* 1991.

Prologue

« Je suis un hacker, et ceci est mon manifeste. Vous pouvez m'arrêter, mais vous ne pouvez pas tous nous arrêter... après tout, ne sommes-nous pas tous les mêmes... »

The Mentor

Communiqué du Chaos Computer Club

« Un membre du Chaos Computer Club (CCC), connu sous le nom de Tron, a été victime d'un homicide. Son corps a été retrouvé dans le parc de Neukölln, à Berlin. Pour la police, il s'agit d'un suicide. Nous ne partageons pas du tout cette opinion. Tron a été l'un des plus grands hackers d'Europe. C'est lui qui, le premier, a développé une *miracle card*, une carte de crédit contrefaite pouvant être utilisée dans les téléphones publics. Condamné avec sursis, mais toujours passionné par la recherche et l'exploration de toutes les possibilités techniques, il a alors pris contact avec le CCC. Il a ensuite écrit une thèse sur les systèmes de cryptage dans les télécommunications où il décrit une technologie permettant de sécuriser à faible coût les conversations téléphoniques sur les lignes ISDN. Ce système est, depuis, devenu un standard. Tron a par ailleurs montré comment on pouvait cloner des *smart cards* GSM en Allemagne.

Les capacités exceptionnelles de Tron nous laissent très circonspects sur les circonstances de sa disparition, et nous craignons – bien que nous n'ayons aujourd'hui aucune autre information que celles émanant de la police – qu'il ait été victime d'un meurtre. Tron était une personnalité très directe et ouverte, qui n'avait, à notre connaissance, aucun problème psychologique pouvant

laisser supposer un tempérament suicidaire. Nous sommes donc très inquiets sur les circonstances exactes de sa mort.
Profondément attristés et choqués par la disparition de celui qui était pour nous un *ami*, nous demandons aux journalistes d'obtenir de plus amples informations – auprès des services de police de Berlin si nécessaire.
Le Chaos Computer Club ne fera pas d'autres communiqués pouvant interférer avec le travail de la police. »[1]

Chaos Computer Club – 24 octobre 1998

Dans le film *Tron*, produit en 1982 par Walt Disney, le héros était un *nerd*, c'est-à-dire un fou d'informatique, qui, happé par son ordinateur engageait un combat avec le diabolique Master Control. C'est en référence à ce film que Boris Floricic a choisi le pseudonyme de Tron, symbole à ses yeux d'un « système de sécurité honnête ».

À bien des égards, l'histoire du hacker Boris Floricic est exemplaire. À 26 ans, Boris était légendaire et courtisé. De nombreuses sociétés se sont intéressées, de façon très officielle, à son talent. Ainsi, durant deux ans, New Digital Systems (NDS), une filiale de la télévision à péage de News Corporation (la société de Rupert Murdoch), a mis en œuvre d'importants moyens pour tenter de le recruter. De nombreux services gouvernementaux de renseignements ont également tenté de le faire. En vain !

L'histoire de Tron est un raccourci saisissant de l'univers des hackers que nous allons explorer tout au long de ce livre : depuis la référence au merveilleux et aux mondes imaginaires, en passant par les prouesses techniques, la passion de l'informatique, l'espionnage industriel et les intérêts financiers, jusqu'à la mort sordide dans un parc désolé de Berlin. Les hackers ont mille visages, mais Boris Floricic était sans doute l'un des plus intéressants pour justifier notre enquête.

1. http://www.ccc.de.

Partie 1

Technologie et criminalité

Chapitre 1

Naissance de la cybercriminalité

• Au commencement était le téléphone...

New Heaven, février 1878.

Dans l'immeuble de la Bell Telephone, une poignée d'adolescents s'affaire devant l'immense tableau du standard téléphonique. Depuis quelques semaines déjà, ils sont employés par cette entreprise qui vient de lancer le premier service téléphonique de l'histoire. Leur travail : mettre en relation, à leur demande, les lignes téléphoniques des utilisateurs en branchant les fiches au bon endroit. Les choses paraissent simples mais de nombreux abonnés se plaignent. Non seulement leurs appels ne sont pas acheminés vers le bon correspondant, mais d'étranges grognements parasitent leurs discussions. Après enquête, il apparaît que pour rompre la monotonie d'un travail par trop répétitif, les standardistes – en majorité des hommes – écoutent les conversations et poussent la provocation jusqu'à y participer. Bell Telephone réagit promptement et congédie ces employés indélicats. Désormais, la compagnie n'embauchera plus que des jeunes femmes, lesquelles vont d'ailleurs rapidement devenir la figure emblématique de l'industrie du téléphone.

Les problèmes que rencontrent les abonnés du téléphone ne vont pas cesser pour autant. Très vite, en effet, ceux qui allaient devenir les premiers *pranksters* (« farceurs ») des « nouvelles technologies » d'alors, vont utiliser les failles d'un système encore embryonnaire pour perpétrer leurs « méfaits ». Parmi ces failles, l'exploitation du partage des lignes, alors monnaie courante, pour s'immiscer dans les conversations d'autrui. Autre faille, l'impossibilité technique de retrouver l'émetteur d'un appel. Fort de ces limites, le téléphone va devenir un formidable terrain d'expérimentation pour des blagues dont le mauvais goût semble avoir été la caractéristique principale[1].

Un siècle plus tard, en pleine révolution sociale américaine, les *pranksters* ont cédé la place aux *phreakers* qui se spécialisent dans la fraude à l'encontre des opérateurs de télécommunication. Le *phreaking* – un néologisme construit à partir des mots *freak* (mordu), *free* (gratuit) et *phone* (téléphone) est un mouvement technologique anti-institutions, anarchiste et parfois New Age sur fond de musique, de drogue et de reliquats de contre-culture. Il consiste, d'une part, à ne pas payer les communications téléphoniques et, d'autre part, à pirater les lignes. Comme les *pranksters*, les *phreakers* vont profiter des failles du système pour utiliser, à leurs profits, la technologie relativement rudimentaire des centraux téléphoniques d'alors.

• La fraude aux opérateurs de télécommunications

À l'origine du *phreaking*, on trouve un vétéran de la guerre du Vietnam, John Draper. En 1965, Draper découvre qu'un sifflet distribué en promotion dans les boîtes de céréales « Cap'n Crunch » émet une tonalité de 2 600 mégahertz. Or, cette fréquence audio, facile à reproduire, était utilisée à l'époque par les réparateurs de téléphone pour accéder à une ligne depuis l'extérieur. Le sifflement déclenchait un signal qui commandait au central de ne pas facturer l'appel. Mieux encore, cette même tonalité correspondait au code analogique d'accès d'AT&T, le plus

1. Pirates du cyberespace, http://www.quebecmicro.com.

important opérateur téléphonique américain, pour les appels interurbains. « *Thanks for using AT&T* » (merci d'utiliser AT&T) répondait une voix. Le tour était joué, sans avoir dépensé un cent. En réalité, le but n'était pas tant de téléphoner de façon gratuite que de chercher à comprendre comment fonctionnaient les systèmes téléphoniques.

La légende veut que Draper – âgé, aujourd'hui, d'une soixantaine d'années – ait effectué un appel interurbain à partir d'une cabine publique et, grâce à sa parfaite maîtrise des réseaux téléphoniques, soit parvenu à le faire aboutir à la cabine voisine de la sienne en le faisant transiter à travers le monde. Une autre version de cette histoire, tout aussi tenace, attribue ce « fait d'arme » à un aveugle capable de siffler à la fréquence exacte de 2 600 mégahertz. Par la suite, John Draper, surnommé, bien sûr Cap'n Crunch, a souvent été arrêté pour piratage téléphonique.

C'est également dans les années 60 qu'apparaît un petit boîtier magique, la *blue box*[1], qui va être à l'origine du fort développement de la communauté des *phreakers*. En envoyant des impulsions selon un certain ordre et une durée précise, la « boîte bleue » permettait de bloquer la facturation des communications sans éveiller les soupçons des opérateurs. Dix ans durant, les grandes centrales téléphoniques seront totalement incapables de parer à ces actes de piratage. Partout, aux États-Unis, les *Phone Phreakers* explorent les systèmes et poussent l'audace jusqu'à organiser des *Party Lines* à l'occasion desquelles plusieurs dizaines de *phreakers* se réunissent et discutent librement sans payer le moindre cent. Les *phreakers* se moquaient délibérément des autorités et il n'était pas rare de les voir court-circuiter un réseau entier. Si, pour beaucoup, cela restait une bonne blague – qui, finalement, faisait revivre la tradition des *pranksters* – certains n'hésiteront pas, plus tard, à pirater les cartes à puce des

1. D. Labrosse, http ://www.er.uqam.ca, « Hackers, la cyberculture à ses extrêmes. »

opérateurs téléphoniques pour ne pas payer leurs communications et basculeront dans la délinquance.

C'est en octobre 1971, avec la publication de l'article de R. Rosenbaum dans le magazine *Esquire*, « Secrets of the Little Blue Box », que le public américain a découvert l'existence des *phreakers* et de leurs activités de piratage téléphonique. Cet article est un moment clé dans l'histoire du *phreaking* car sa publication amènera plusieurs États américains à prendre des mesures légales pour interdire cette pratique.

L'utilisation de la *blue box* par les pirates de l'Internet reste fréquente aujourd'hui. Il leur suffit de se connecter *via* un simple modem aux ordinateurs qu'ils ont, au préalable, ciblés puis d'utiliser une *blue box* pour générer, exactement comme le font les techniciens de maintenance des opérateurs télécoms, les tonalités qui vont leur permettre d'utiliser gratuitement le réseau téléphonique. Souvent, d'ailleurs, les pirates utilisent plusieurs ordinateurs relais à travers le monde pour mener à bien leurs attaques et brouiller les pistes. C'est ainsi que des serveurs d'entreprises peuvent être utilisés comme « base arrière » pour perpétrer des attaques.

En 1997, par exemple, la Brigade Criminelle de Répression du Crime Informatique (BCRCI) a réussi à stopper les agissements d'une dizaine de personnes qui fournissaient par Internet des images pornographiques. Rien de bien particulier, car il existe des milliers de sites sur le Net qui proposent ce genre de produits sauf, qu'ici, les pirates utilisaient une *blue box*, leur permettant de ne pas payer leurs communications téléphoniques. Originaires de Puteaux, de Besançon et d'une dizaine d'autres villes en France, les pirates faisaient transiter leurs appels par le Paraguay afin de brouiller les pistes. Le préjudice a été estimé à plus de 915 000 euros (6 millions de francs).

Quant aux *phreakers*, ils prennent désormais pour cible les téléphones cellulaires. Concrètement, en s'attaquant aux serveurs des opérateurs qui n'ont pas encore compris que sécuriser leur réseau téléphonique est une chose primordiale, ils ouvrent des lignes de façon frauduleuse puis les utilisent à partir de téléphones portables dérobés.

C'est, en France, le secteur le plus touché par la cybercriminalité. Les exemples de fraude y sont massifs, notamment le renouvellement des crédits de communication d'un portable volé, par un simple appel téléphonique, en donnant les coordonnées de carte bancaire d'un tiers, à son insu. Pour réagir et enrayer une part de ces délits, les principaux opérateurs : SFR, Bouygues, France Télécom (même si Itinéris n'a jamais pratiqué ce mode de rechargement) ont rapidement réagi et, depuis quelques mois maintenant, ne proposent plus qu'une seule recharge mensuelle de communication par téléphone.

Pour les *phreakers* dénués de tout scrupule, le plus simple reste encore de « trouver » une *calling card* (équivalent de la carte pastel de France Télécom) pour téléphoner aux frais de son propriétaire légitime. L'exemple le plus connu reste celui de cet ancien employé de France Télécom qui a réussi à truquer les appels de l'émission de TF1 « L'Or à l'appel ». Le pirate, originaire de Lyon, avait réussi à faire passer ses appels, et ceux de ses complices, comme prioritaires pour cette émission. Bilan : un peu plus de 152 450 euros de gains.

Pour les « plus forts », cela peut aller jusqu'à pirater le système informatique de gestion des centraux téléphoniques. En 1997, lors du HIP, le Congrès International des Hackers aux Pays-Bas, ce sont les « Télécoms » néerlandaises qui en ont « fait les frais ».

Dans la mesure où elle relève souvent du challenge technologique, cette forme de délinquance informatique au téléphone demeure aujourd'hui encore une composante forte de la galaxie des hackers. Les notions de *hacking* et de *phreaking* sont d'ailleurs intimement liées et les magazines américains spécialisés dans le piratage sont sans ambiguïté sur les relations qui unissent ces deux mouvements.

• La vigilance accrue des opérateurs téléphoniques

Le plus discret des *phreakers* français, connu sous le pseudonyme No Way, a fait le point, avant sa disparition, sur toutes les pratiques du *phreaking*. Il a divulgué les techniques qui permettent de se déplacer librement de ligne en ligne pour éviter tout repérage malgré la traçabilité très fine de chaque appel mise en place par les principaux opérateurs.

Un hacker, dont le pseudonyme est PHE nous l'a confirmé : « Tous les 3615, 3528, sont surveillés [...] France Télécom possède le numéro de téléphone de l'appelant, le nombre d'heures de connexion, le nom du service appelé et, s'il y a trop d'appels sur les mêmes services, vérifie que le règlement a bien été effectué. » Quant aux contrôles sur les appels à l'étranger, ils sont tout aussi importants. De même, poursuit PHE : « Les 0 800 90 sont quasiment tous contrôlés. » Plus précisément, France Télécom disposerait d'un système de surveillance appelé Sirius. Celui-ci permettrait de contrôler toutes les communications en cours ainsi que le paiement du service utilisé. Enfin, France Télécom surveille aussi de très près les cabines téléphoniques, tout fil coupé étant immédiatement détecté.

Nous l'avons vu, le terme *phreaker* s'applique plus particulièrement aux spécialistes du piratage des réseaux téléphoniques, souvent à l'international. Criminelles ou non, leurs principales actions consistent à « rerouter » les communications téléphoniques, à mettre en place des écoutes, à couper certaines lignes du réseau. Ces compétences leur ont souvent permis d'échapper à la police, d'escroquer les opérateurs de téléphone pour s'amuser ou pour gagner de l'argent. Beaucoup de *hackers* ont été des *phreakers* : en diminuant le montant de leur facture téléphonique, ils pouvaient continuer à écumer gratuitement les réseaux. Si le fort développement d'Internet et la baisse sensible des coûts des télécommunications ont diminué l'ampleur du *phreaking*, il existe encore des *phreakers* pour relever le défi du piratage des réseaux téléphoniques[1]. Parmi eux, un parisien de dix-huit ans, Ben – un nom d'emprunt naturellement car il est aujourd'hui encore en pleine activité.

Interview 1 : Ben

En quoi consiste exactement le piratage téléphonique ?
À ne pas payer les communications et, maintenant, à « desimlocker » les téléphones portables. Personnellement, je ne pratique plus cette activité et je paye mes communications comme tout le monde. Je ne cherche pas à arnaquer les opérateurs.

Comment avez-vous commencé ?
C'est tout bête, je suis tombé sur Internet sur une technique qui expliquait comment frauder dans les cabines téléphoniques. Le jour où j'ai eu un problème avec ma carte, je me suis dit : « Pourquoi pas ? » Après, je me suis nourri de la Toile pour améliorer mes connaissances. Enfin, j'ai reçu pas mal de conseils par mail et par chat.

Que pensez-vous de vos « confrères » ?
La plupart se laissent malheureusement vivre sur leurs acquis. Ils utilisent des méthodes qui ont déjà fait leurs preuves. La plupart ne recherchent aucune nouvelle faille. Je pense faire partie d'une minorité de personnes qui cherche toujours à en savoir plus.

1. L. Sorbier, « NTIC », Conférence, Paris, IEP, 2001.

Quels sont les outils utilisés pour « phreaker » ?
Le premier outil est un téléphone tout simple. Pour ce qui est des téléphones cellulaires, c'est plus complexe car il faut faire des câbles ou en acheter.

Vous êtes connu sur la scène française[1], c'est un avantage ou un inconvénient ?
Ni l'un, ni l'autre. Comme je vous l'ai dit, j'ai abandonné toute activité « illégale » au sens où je paye mes notes de téléphone. Par contre, je continu à me faire plaisir. J'essaie toujours de découvrir de nouveaux trucs et de développer de nouvelles techniques.

Que pensez-vous des outils utilisés par les gouvernements dans leur lutte contre le piratage ?
Je pense que les gouvernements veulent essayer de nous cacher leur incompétence ! Si les informations sont divulguées[2], c'est uniquement dans le but de nous faire peur. Il ne faut pas oublier que vous pouvez dire que vous avez tué une personne par mail... même si la police l'intercepte, cela n'a, aujourd'hui, aucune valeur juridique ! Si nous, *phreakers*, nous voulons téléphoner de manière anonyme, nous le pouvons. C'est donc pour dissuader les jeunes qui seraient tentés de le faire qu'ils donnent des informations sur les moyens qu'ils utilisent. Mais je reste persuadé que ces moyens-là sont très faibles. Par contre, d'autres moyens existent, mais ceux-là, ils ne les dévoilent pas.

Comment voyez-vous votre avenir ?
Ma vision de l'avenir, c'est de ne plus payer, mais légalement, les communications. Je travaille actuellement à un projet qui devrait

---

1. « La scène » est la communauté des hackers.
2. Ben fait ici référence à des outils tels que Carnivore (surveillance des e-mails, mis au point par le FBI), Échelon, écoutes téléphoniques, mais aussi Omnivore et Etherpeek (également des outils du FBI destinés, cette fois, à surveiller les visites sur les sites Web et les forums de discussion).

permettre de rétablir la sécurité de la vie privée des gens sur Internet, mais aussi lorsqu'ils utilisent le téléphone [...] mais je manque cruellement d'argent.

• La rencontre explosive des pirates du téléphone et des pirates informatiques

Les premiers grands « bidouilleurs informatiques » vont naître avec l'avènement du tout informatique et la commercialisation des premiers micro-ordinateurs. Pousser la machine dans ses derniers retranchements, optimiser le code source des logiciels, créer de nouvelles applications... telles semble être leurs seules préoccupations. Soucieux de relever des défis techniques toujours plus difficiles, ils auraient pu n'être qu'un « avatar » des nouvelles technologies s'ils ne s'étaient pas associés aux *phreakers*, lassés de la chasse que leur mènent les opérateurs téléphoniques et avides de nouveaux « terrains de jeu ». Ils comprennent vite qu'en combinant les connaissances qu'ont ces derniers des réseaux téléphoniques aux possibilités de l'informatique, ils vont pouvoir se doter d'une compétence redoutable. Leur expérience du piratage du réseau téléphonique a notamment permis aux *phreakers* de détenir les clés pour ne pas être « tracés », c'est-à-dire repérés, lors d'un piratage.

Cette rencontre des pirates informatiques et des *phreakers* va être scellée par la naissance d'un mouvement appelé... « 2600 » qui deviendra par la suite une organisation reconnue (www.2600.org)[1] – elle publie d'ailleurs, un magazine trimestriel tout à fait officiel. C'est la complicité entre ces deux groupes qui est à l'origine du *hacking*.

1. Y. Eudes : « www.2600.org », *Le Monde*, 26 janvier 2001. Nous pouvons également citer le magazine *Phrack*, mondialement connu.

Chapitre 2

Le hacking, une nouvelle forme de criminalité

• Le grand public découvre le hacking

À la faveur de quelques affaires très médiatisées, le grand public a récemment découvert l'existence des *hackers*, ces aventuriers qui rôdent en toute liberté sur Internet au mépris des lois. Pourtant, ce mouvement est né aux États-Unis dans les années 60 en même temps que les premières grosses installations informatiques, telles que le Laboratoire d'Intelligence Artificielle du MIT (Massachusetts Institute of Technology). Contemporain des premières tentatives d'élaboration d'un réseau informatique qui, plus tard, deviendra Internet, le mouvement hacker est indissociable de la naissance et du fonctionnement de la Toile.

C'est au début des années 60 qu'un groupe de programmeurs passionnés du MIT décide de se nommer hackers[1]. Le terme va assez rapidement servir à désigner une élite informatique et constituer ce que l'on a appelé le « clergé de l'informatique ». Ce n'est que récemment que le terme *hacker* – devenu en français *pirate* – a commencé à désigner une personne capable de pousser un programme informatique au-delà de ses capacités supposées ou, encore, d'optimiser le code source d'un programme au maximum. Quant au *hacking* dans son acception la plus moderne, elle

1. P. Himanen, *L'éthique hacker et l'esprit de l'ère de l'information*, Paris, Exils, 2001, p. 9.

apparaît au début des années 80 dans la presse informatique pour désigner, désormais, toutes les atteintes aux systèmes de traitement automatisé de données : manipulations de programmes, falsifications de données, intrusions malveillantes dans les systèmes informatiques...

L'histoire du mouvement hacker est ponctuée d'exploits informatiques et de personnalités hautes en couleurs. Il n'est pas inutile de consacrer quelques pages à ces épisodes du passé, avant d'analyser plus en détail les motivations actuelles des hackers.

• Les hackers qui ont fait l'histoire[1]

Certains hackers méritent, à l'évidence, une place bien particulière au Panthéon du hack. Parmi ces « gourous », Richard Stallman, le fondateur d'un projet lancé en 1984 et dont l'objet était de développer un système d'exploitation gratuit afin de rendre aux utilisateurs une liberté que la plupart avaient perdue. Ce projet impliquait la totale gratuité des logiciels. Autrement dit, tout le monde devait avoir le droit de copier et de distribuer des logiciels ainsi que d'y apporter des modifications.

Autres gourous, Dennis Ritchie et Ken Thompson doivent leur notoriété (sous les pseudonymes de Dmr et Ken) au fait d'avoir été à l'origine, dès 1969, du système d'exploitation Unix.

Système d'exploitation multitâche et multi-utilisateurs très performant développé pour la mini-informatique, le système Unix (dont le dérivé le plus connu est Linux) a été porté sur la plupart des ordinateurs, de l'ordinateur central au PC à processeur Intel en passant par les stations de travail.

1. Source : Y. Chatelain et L. Roche, *Marketing et cybercriminalité*, 3, Paris, Hermès, pp. 54-59.

D'autres noms, plus surprenants peut-être, apparaissent dans cette galerie de portraits. Ainsi de Bill Gates qui, une fois sorti du milieu hacker, va fonder Microsoft, société qui deviendra très vite la cible préférée des hackers, et en particulier de… Steve Wozniak, alias Oak Toebark qui, avec Steve Jobs, alias Berkeley Blue, a créé Apple. Anciens du *phreaking*, directement issus du *Homebrew Computer Club* de Menlo Park en Californie[1], Jobs et Wozniack se sont vite démarqués de ce groupe, d'abord par la production en masse de *blue boxes* mais surtout avec Apple Computers qu'ils démarrèrent dans le garage parental. Leur premier micro-ordinateur, le Apple II, qui fit sa sortie officielle en avril 1977, mettait en pratique le slogan « power to the people » en donnant accès à tous à des outils de traitement de l'information, auparavant réservés aux seuls grandes entreprises et gouvernements[2].

Plus tard, d'autres hackers, hors du commun, vont accéder à la notoriété. Parmi ceux-ci, Dennis Moran et Kevin Mitnick.

Dennis Moran

Originaire de Wolfboro dans le New Hampshire, Dennis Moran est connu sur Internet sous le nom de Coolio ; il a reconnu avoir piraté une centaine de sites. « À dix-sept ans, Dennis Moran est un garçon déjà solide et bien bâti. Il s'exprime calmement et avec aisance. Sa véritable carrière a démarré le 14 novembre 1999 quand les internautes qui se connectent sur le site Dare.com découvrent une surprise de taille. Dare.com est un webmagazine ludo-éducatif créé par la police de Los Angeles dans le cadre de

1. Créé le 5 mars 1975, ce club avait pour objectif de favoriser le développement de micro-ordinateurs et de démocratiser l'accès à l'informatique.
2. D. Labrosse, http://www.er.uqam.ca, « Hackers, la cyberculture à ses extrêmes. »

sa campagne contre la drogue, en direction des adolescents (*Dare* est l'acronyme de *Drug Abuse Resistance Education*, littéralement : « oser »). Or, ce matin-là, les illustrations un peu mièvres de la page d'accueil ont été remplacées par un portrait en couleur de Donald Duck, l'air tout à la fois féroce et rigolard, en train de se piquer le bras avec une seringue. »[1]

Parmi les autres « faits d'armes » de Coolio, le plus célèbre est sans doute son attaque contre la société RSA, une entreprise de sécurité informatique spécialisée dans les systèmes de protection contre… les hackers. Pour perpétrer son forfait, Coolio a utilisé une technique tout à fait remarquable pour l'époque. Il s'est d'abord introduit dans le serveur d'une université colombienne où il a installé un site sauvage. Puis, il a réussi à intercepter le trafic de données destiné au site de l'entreprise RSA (www.rsa.com) et à le détourner vers son site colombien. En croyant se connecter sur RSA, les utilisateurs arrivaient sur un lieu déconcertant. Si la photo de deux jeunes gens vantant la qualité des produits RSA était toujours là, en revanche, sur leur front était tatoué le « L » de *Loser* (Perdant). Enfin, des slogans sarcastiques enfonçaient le clou : « Faites-nous confiance pour la protection de vos données ! Priez Allah ! »[2]

Au même moment, Dennis Moran récidivait, contre un site plus obscur cette fois, mais, trop sûr de lui peut-être, cette nouvelle attaque allait signer sa perte. En l'occurrence, il s'agissait d'un site qui vantait un guide publié par le gouvernement américain pour informer les entreprises sur les conséquences du traité d'interdiction des armes chimiques. Ce détournement – les textes austères avaient été remplacés par une image obscène accompagnée de slogans provocateurs – portait une signature : « Site talentueusement détourné par Coolio. » Et, pour narguer l'en-

1. Y. Eudes, « Qui a peur de Dennis Moran ? », *Le Monde*, samedi 1er juillet 2000.
2. *Ibid.*

nemi, à moins que ce ne soit pour être clairement identifié, Coolio avait délibérément laissé un indice ou, plus précisément, un code, signe de ralliement présent sur certains sites de hackers. Grâce à cet indice, la police allait pouvoir remonter la piste et arrêter Coolio… à son domicile[1].

Si Dennis Moran a été libéré sous caution, son matériel informatique a néanmoins été saisi. Aux enquêteurs qui l'interrogeaient, il a déclaré qu'il utilisait des ordinateurs depuis l'âge de trois ans et qu'il passait en moyenne seize heures par jour sur Internet. Il ne fréquentait donc plus l'école mais obtenait ses diplômes par correspondance[2].

Kevin Mitnick

Adolescent, Kevin Mitnick était fasciné par le téléphone. Une de ses « blagues » favorites consistait à détourner les appels au service de l'annuaire vers son domicile. Voici le type de situations auquel un abonné pouvait se trouver confronté :

> *Abonné* : Bonjour, je voudrais le numéro de M. William Smith s'il vous plaît.
> *K. Mitnick* : Bien sûr, un moment… Euh, Monsieur Smith est-il noir ou blanc ?
> *Abonné* : Pourquoi ?
> *K. Mitnick* : Voyez-vous, chez AT&T nous avons deux types d'annuaire : un pour les blancs et un pour les noirs…

Sans véritable idéologie, Kevin Mitnick s'est fait la main en surveillant discrètement les e-mails des fonctionnaires américains en charge de la sécurité informatique sur le territoire des États-Unis. À vingt et un ans, surnommé Le Condor, il va très

1. *Ibid.*
2. *Associated Press*, mars 2000.

vite prendre de la « hauteur » et se concentrer presque exclusivement sur l'intrusion d'ordinateurs, plus particulièrement ceux qui sont, *a priori*, les mieux « gardés » de la planète. Il parvient ainsi, en 1989, à subtiliser un nouveau système d'exploitation (le VMS-OS) dont la valeur était alors de 1 million de dollars. Plus tard, il réussit à s'introduire dans la base de données du California Department of Motor Vehicles et y subtilise plus de 20 000 numéros de cartes bancaires.

Après avoir longtemps échappé à la justice en établissant une surveillance rapprochée des centraux téléphoniques de New York et de Californie, en procédant à des écoutes téléphoniques et en piratant les mails de ses poursuivants, il va se faire arrêter une première fois, la « main dans le sac », alors qu'il infiltre les ordinateurs du haut commandement de la US Air Force. Il expliquera au juge qu'il désirait simplement... faire une bonne blague. Condamné une première fois à une peine de prison, il est à peine sorti qu'il récidive. En 1991, toujours « histoire de rire », il dérobe pour environ un million de dollars de logiciels à une société d'informatique. Le FBI, qui n'apprécie que très modérément ce genre d'humour, fera de Kevin Mitnick le premier hacker à intégrer la liste des « Most Wanted Criminals », les criminels les plus recherchés.

Après un nouveau séjour en prison, « rouillé » peut-être par plusieurs mois d'inactivité, il est confondu au San Diego Supercomputer Center le 14 février 1995, alors qu'il parasite à distance les sièges centraux des trois compagnies de téléphones qui desservent New York. Son tombeur est Tsutumu Shimomura, un ancien hacker repenti, passé au service du FBI[1]. Après une folle cavale, Mitnick finit au pénitencier de Los Angeles dont il ne sort que le 21 janvier 2000 après avoir purgé une peine de près de cinq ans.

---

1. T. Shimomura et J. Markoff, *Cybertraque – la chasse au pirate informatique le plus célèbre des États-Unis*, Paris, Plon, 1998.

Sa « peine », pourtant, ne s'arrête pas là. Mi-ange, mi-démon, mis au ban de la société mais aussi… récupéré, Kevin Mitnick est aujourd'hui en liberté surveillée – il le restera d'ailleurs jusqu'en 2003. D'ici là, il lui est fait interdiction de se servir du plus petit ordinateur comme de téléphones portables, autrement dit, de tout ce qui permet d'accéder à un réseau informatique. Dans le même temps, il fait l'objet d'invitations régulières par le gouvernement des États-Unis pour défendre et demander, un jour devant le Sénat, un jour devant une commission chargée de faire des propositions pour améliorer la sécurité des réseaux informatiques, à la fois la mise en place de systèmes de prévention et de détection et, parce qu'on ne se refait pas… la relative clémence contre les pirates[1].

Qu'importe d'ailleurs son véritable devenir, Kevin Mitnick a forgé sa légende. Celle-ci, désormais, nourrit – sans doute pour de longues années encore – une part non négligeable du fantasme hacker. Pour John Markoff – coauteur de *Cybertraque* – Kevin Mitnick est ainsi devenu une sorte d'Hannibal Lecter – le psychiatre psychotique du roman de Thomas Harris, *Le Silence des agneaux* – dont les mains doivent être liées pour éviter un désastre majeur comme pourrait l'être une attaque nucléaire ou, pire encore, si l'on se place du point de vue de la communauté des internautes… la destruction d'Internet[2].

D'autres hackers, plus obscurs mais dont les « exploits » parlent d'eux-mêmes contribuent à enrichir la légende du mouvement. Parmi ceux-ci, on pourrait rappeler l'histoire de cet adolescent de dix-neuf ans qui, dans le seul but d'afficher partout des messages d'amour pour une camarade de classe, a réussi à pénétrer les serveurs informatiques de l'OTAN, de la vice-présidence des États-Unis et de l'US Information Agency. Arrêté, il a

1. *Associated Press*, mars 2000.
2. E. Richard, « Hacker brisé », *Libération*, mardi 14 mars 2000.

été condamné à quinze mois de prison et à 36000 dollars de dommages et intérêts[1].

Citons encore Michael Sinergy qui, dans les années 80, s'est introduit dans le système informatique de l'agence américaine de crédit TRW. TRW détient des informations financières sur près de 80 millions d'Américains et Michael Sinergy s'était mis en tête d'aller y consulter les données relatives au président Ronald Reagan. Non seulement il y est parvenu, mais il s'est aperçu qu'il n'était pas tout seul à le faire. Le jour même de son intrusion, en effet, ce sont plus de 60 personnes qui avaient, comme lui, consulté la même information !

Autre « prouesse » technologique fondée sur une manipulation téléphonique, sept criminels ont, en 1988, effectué un détournement de fonds à la First National Bank de Chicago. Ils ont ainsi transféré 70 millions de dollars appartenant à trois entreprises, sur un compte d'une banque de New York et, de là, dans deux banques à Vienne. Les transferts ont été ordonnés par téléphone. La banque a bien entendu appelé ses clients pour demander confirmation du transfert, mais les appels étaient détournés vers la résidence de l'un des criminels. Les sociétés volées se sont vite rendues compte de l'affaire et une enquête a été ouverte. Grâce aux enregistrements des appels de confirmation, les enquêteurs ont pu arrêter les criminels avant qu'ils ne prennent la fuite.

Ajoutons enfin à cette galerie de portraits, l'un des premiers hackers français qui s'est rendu célèbre en trouvant le moyen de reprogrammer à distance les taux de change d'un distributeur de billets. Il s'octroyait, par exemple, un taux de change de 5 dollars pour 1 franc et changeait 100 francs. Il effectuait ensuite l'opération inverse et faisait passer le taux de change à 5 francs pour 1 dollar avant de retourner changer ses dollars pour empocher 2500 francs !

---

1. *Agence France Presse*, novembre 1999.

• Les rapports ambigus des hackers avec le pouvoir

Les démêlés des hackers avec la justice sont nombreux et s'expliquent naturellement par l'utilisation criminelle que certains d'entre eux ont été amenés à faire de leurs talents. Cette cybercriminalité est d'autant plus évidente que son poids financier ne cesse de croître. Nous y reviendrons dans le chapitre suivant.

Cette lutte entre forces de l'ordre et pirates est constitutive du Réseau. Ainsi, la première arrestation « officielle » pour piratage informatique, a été le fait du FBI qui a arrêté les membres du groupe 414s – un groupe basé dans le Milwaukee et dont les membres ont été accusés d'avoir mené plus de 60 infiltrations informatiques. Depuis les années 90, années qui marquent l'application de lois anti-pirates aux États-Unis et dont l'objet est de mettre fin aux agissements des plus grands hackers, les agents du gouvernement fédéral ont, notamment, arrêtés Knight Lightning à Saint Louis et le trio Masters of Deception formé par Phiber Optik, Acid Phreak et Scorpion. À leur suite, ce sont plusieurs dizaines de hackers qui ont été arrêtés.

Au-delà, et de façon plus générale, il faut se demander quelle va être la position des hackers face aux États et institutions mondiales ? Choisiront-ils de collaborer ou préféreront-ils les terrains plus aventureux ouverts par Tron ? Participeront-ils au « jeu économique » ou resteront-ils en dehors ? Seront-ils, finalement, après la religion, le droit, l'État et les médias, ce cinquième pouvoir que semblent tant redouter les gouvernements mais, aussi, les entreprises et les particuliers ?

Les rapports ambigus qu'entretiennent les États avec les pirates ne datent pas des nouvelles technologies. Dans les années 1660-1720 – aux plus beaux jours de la piraterie, lorsque s'affrontaient, sur toutes les mers du monde, corsaires anglais, espagnols, français et hollandais – les souverains s'allouaient les services des plus intrépides d'entre eux, tout à la fois pour sécuriser les routes commerciales maritimes et… perpétrer à leur profit des actes de piraterie.

Aussi, aujourd'hui, les gouvernements qui recrutent de nombreuses compétences interlopes en matière de nouvelles technologies ne font-ils, finalement, que reproduire ce schéma : combattre les hackers mais, tout autant, perpétrer, au bénéfice de l'État, des actions de hack. Il est vrai qu'il n'est pas facile pour les pirates qui se sont fait prendre de refuser les avances que leur font les États, comme d'ailleurs de ne pas céder aux autres pressions.

L'une des plus belles illustrations de l'ambiguïté des relations entre les hackers et le pouvoir nous vient de Chine. Cité par le correspondant asiatique d'Internet.com, le *Quotidien de l'Armée de libération* (QAL) serait favorable au recrutement d'informaticiens civils pour former, dans les écoles militaires du pays, des escadrons de hackers. Pour Internet.com, l'appel de l'armée correspond à une période de tension dans les relations sino-américaines, entre une affaire d'espionnage technologique dont ont été victimes les Américains et le bombardement de l'ambassade de Chine à Belgrade lors de la guerre du Kosovo. Le QAL aurait ainsi, par hackers interposés, fait allusion à une guerre souterraine entre la Chine et les États-Unis. Des sites Internet de l'administration américaine auraient été infiltrés, dont ceux des ministères de l'Énergie, de l'Intérieur et, même, celui de l'ambassade américaine à Pékin. En tout, un millier de serveurs civils auraient été la cible de pirates chinois[1].

Dans le même esprit, de nombreuses entreprises ont recruté des hackers réputés avec mission de « casser » des logiciels. Pas pour le plaisir, bien sûr, mais à des fins économiques au premier rang desquelles l'abaissement drastique des coûts de développement et afin de proposer des logiciels concurrents à des prix défiants toute concurrence.

---

1. ZDNet France, 7 août 1999.

• L'histoire toujours recommencée des gendarmes et des voleurs

Si la cybercriminalité est avant tout une menace[1], elle est aussi une opportunité pour certains pirates de « haut vol ». Ainsi, le créateur du virus Kournikova s'est vu proposer un emploi quelques heures seulement après son arrestation. Rappelons que ce virus a été l'un des plus virulents et des plus médiatisés de ces dernières années. Sous la forme d'un courrier électronique, il suggérait à son destinataire que le document qui y était joint contenait des photos dénudées de la joueuse de tennis Anna Kournikova. En réalité, une fois la pièce jointe ouverte, le virus se transmettait à toutes les adresses enregistrées dans l'ordinateur dès lors que celui-ci était doté d'un système de courrier électronique fonctionnant avec le logiciel Microsoft Outlook.

Mais, parce que « l'on ne se refait pas », il convient d'être prudent lorsqu'on « retourne » un hacker. Le ministère américain de la Défense a ainsi proposé à Dark Dante, de son vrai nom Kevin Poulsen – un hacker qui avait pour spécialité le piratage de systèmes gouvernementaux et militaires – de devenir consultant pour le Pentagone. Travaillant le jour pour le gouvernement, Dante n'en poursuivait pas moins ses activités criminelles la nuit. Il fut accusé de conspiration, fraude, écoutes téléphoniques, blanchiment d'argent. En 1990, il prit le contrôle des 25 lignes téléphoniques d'une station radio à Los Angeles pour ne laisser passer que ses appels et pouvoir ainsi décrocher le gros lot : une Porsche 944 d'une valeur de 50 000 dollars. Il a été condamné le 10 avril 1995 et a purgé une peine de quatre ans de prison.

---

1. Y. Chatelain et L. Roche, *Internet, comment augmenter le trafic sur son site et gagner de l'argent*, Paris, Maxima Laurent du Mesnil, 2000.

Opportunistes ou imprudentes, des sociétés éditrices de jeux vidéo lancent même des appels à embauche directement à partir de leurs logiciels. La société Cobra soft, aujourd'hui disparue, plaçait dans ses jeux ce type de messages : « Bonjour les "déplombeurs"; pourquoi vous donner tant de mal à pirater, pourquoi ne pas nous rejoindre ? »

Même le président de la République de Bulgarie, Petar Stoïanov, a déclaré qu'il était prêt à embaucher Kubaka, le hacker qui a détourné le site officiel de la présidence le 16 janvier 2001 pour protester contre la misère et le chômage des jeunes : « Il a piraté le site avec habileté, explique le président, aussi, s'il se présente, je n'hésiterais pas à le prendre pour travailler avec moi. »

Quant à l'actuel leader et porte-parole du Chaos Computer Club allemand – Andy Mueller-Maguhn – journaliste allemand d'à peine 30 ans, éternel étudiant en sciences de l'information à l'Université ouverte de Berlin, il a été élu, en novembre 2000 par les internautes avec plus de 50 % des votes exprimés, comme représentant de l'ensemble des usagers au poste de directeur pour l'Europe à l'Icann (Internet Corporation for Assigned Names and Numbers). Cette association fondée en 1998 et basée à Los Angeles a pris le relais du gouvernement américain pour assurer la gestion technique du Réseau et a en charge, notamment, l'attribution des noms de domaines ainsi que celle des adresses IP[1].

Hors les exceptions que constitue la « caste » des hackers repentis, la cybercriminalité n'est pas l'apanage des hackers (qui ne sont, après tout, au moins en termes de compétences, que de « super webmasters »). Ainsi, de nombreuses entreprises n'hésitent pas à utiliser des techniques et des logiques commerciales inspirées de la philosophie du hack[2] : Sony, par exemple

1. L'*Internet Protocol* est un protocole qui permet d'attribuer une adresse qui rend possible l'échange d'informations.
2. Y. Chatelain et L. Roche, *Internet, comment augmenter le trafic sur son site et gagner de l'argent*, Paris, Maxima Laurent du Mesnil, 2000.

vend à la fois des contenus (jeux, musique, etc.), des disques vierges et des graveurs. Il n'y a d'ailleurs pas plus inquiet qu'une firme de jeux vidéo qui constate que ses titres ne sont pas piratés. De même, Microsoft explique qu'il ne faut pas copier ses logiciels mais décide cependant de fournir gratuitement son navigateur Internet pour « tuer » son plus grand rival sur ce marché, Netscape[1].

Le coût financier de la cybercriminalité est le symptôme le plus évident de son développement. Aussi, allons-nous nous y arrêter un moment et y consacrer le chapitre qui suit.

1. A. Le Diberder, « Pirate », *Le Monde*, mercredi 4 avril 2001.

Chapitre 3

Le coût de la cybercriminalité

• Des chiffres très difficiles à connaître...

Les dégâts « indirects » de la piraterie informatique, s'ils sont difficilement chiffrables, pèsent incontestablement très lourd sur l'économie. Une étude, réalisée par CertiNomis-Ipsos à l'occasion du sommet du G8, montre que 83 % des Français estiment que le « risque d'usurpation et d'utilisation frauduleuse de l'identité d'une personne ou d'une entreprise sur le Net est très important. » De même, 67 % des Français craignent qu'on leur dérobe leur numéro de carte bancaire à l'occasion d'une transaction sur le Net[1]. Enfin, s'il dispose de compétences solides en électronique pour modifier les cartes à puces et créer de nouveaux circuits imprimés, un pirate peut prendre pour cible les décodeurs de chaînes à péage (Canal +, mais aussi TPS...) et décrypter, ainsi, les programmes. Autre carte visée : la carte à puce du téléphone dont les pirates ont appris à recharger les crédits en modifiant les données initiales.

Le préjudice engendré par ces formes de criminalité se chiffre probablement en centaines de millions d'euros sur l'ensemble de la planète. Pour la France, ce sont près de 10 000 affaires impliquant, d'une manière ou d'une autre, Internet qui ont été recensées pour la seule année 2000 pour un préjudice global estimé à plusieurs millions d'euros, contre 33 affaires de piratage en 1991

1. *Les Échos*, mercredi 24 mai 2000.

et 3 seulement en 1981. Parmi ces affaires, notons pour sa « simplicité » celle de cet ancien salarié du Commissariat à l'Énergie Atomique qui, à l'aide du seul Minitel, a réussi à mettre à jour les plans secrets des essais nucléaires français de Mururoa.

La fraude sur les transactions à la carte bancaire en France, notamment pour recharger en communications les téléphones portables, a contribué à la hausse de la délinquance enregistrée en 2000 qui a progressé de plus de 50 % cette même année pour atteindre 41 millions d'euros contre 27,2 millions d'euros en 1999. Le chiffre global des fraudes à la carte bancaire ne représenterait « que » 0,028 % pour plus de un milliard d'opérations. Remarquons cependant qu'il ne prend pas en compte l'utilisation frauduleuse de cartes bancaires françaises à l'étranger, ni le fait que, selon des sources policières, de nombreuses victimes renoncent à porter plainte, surtout lorsqu'il s'agit de petites sommes. En réalité, la part de fraude des cartes perdues ou volées s'accompagne, désormais, d'une nouvelle forme d'escroquerie liée aux paiements par téléphones portables (10,6 millions d'euros) et par l'Internet (3 millions d'euros).

Quant aux pertes dues au piratage des logiciels, si elles ont diminué au niveau mondial en 2000, de 3,5 % (soit environ 400 millions de dollars) par rapport à 1999, elles se montaient néanmoins encore à 11,8 milliards de dollars, selon la Business Software Association (BSA). Au total, un logiciel professionnel sur trois a été piraté en 2000. L'Amérique du Nord, l'Asie et l'Europe de l'Ouest concentrent près de 90 % des pertes induites. En France, 40 % des logiciels de bureautique seraient des contrefaçons contre 94 % en Chine et même 97 % – autant dire 100 % – au Vietnam. Les plus « sages » (ou les plus « discrets ») sont les Suisses avec, « seulement », 34 %[1].

1. *Futur(e)s*, juillet 2001.

• Les raisons de cette opacité

Cinq raisons principales rendent très difficile de chiffrer avec précision l'ensemble du préjudice.

1. Certaines victimes renoncent à porter plainte souvent par honte. Pourtant, il faudrait aller vite. Le plus difficile pour les cyberpoliciers est, en effet, de faire comprendre aux responsables de sites, serveurs ou ordinateurs piratés, qu'ils soient privés ou appartenant à des entreprises, qu'ils doivent, de suite, porter le délit à leur connaissance. En effet, les fournisseurs d'accès à Internet ne gardent que très rarement les traces des connexions au-delà d'un mois alors qu'il faut presque trois mois aux enquêteurs pour remonter une piste. À ce titre, et selon une source de l'Agence France Presse, le gouvernement – dans le cadre de son action contre le terrorisme – devrait faire voter par le Parlement dans les semaines qui viennent des dispositions sur le déchiffrement des fichiers informatiques cryptés et la conservation des données de connexion au Web. En effet, et à ce jour, la durée de conservation des données de facturation téléphonique et de connexion à Internet est fixée par les seuls opérateurs. La loi arrêterait le cadre général tandis qu'un décret, soumis à l'examen de la Commission Nationale Informatique et liberté (CNIL), indiquerait les délais précis.
   Pour Pascal Courtin, patron de la Brigade d'Enquêtes sur les Fraudes aux Technologies de l'Information (BEFTI), l'information est un facteur déterminant dans la progression de la lutte contre les intrusions. Le rôle premier de son service est donc de sensibiliser les administrateurs à cette évidence pour essayer de changer leurs comportements face aux agressions. La France, explique-t-il, s'est dotée depuis quelques années de services dédiés aux violations de la loi

française sur Internet. Le dernier en date – annoncé à Hourtin en août 1999 par Lionel Jospin – est directement lié à la direction centrale de la police judiciaire du ministère de l'Intérieur : c'est l'Office Central de Lutte contre la Criminalité liée aux Technologies de l'Information (OCLTCI). L'OCLTCI, qui remplace la Brigade Centrale de la Répression de la Criminalité Informatique (BCRCI), a compétence pour mener des enquêtes judiciaires sur tout le territoire et assure la gestion du Bureau Central National d'Interpol[1]. Quant à la Brigade d'Enquêtes sur les Fraudes aux Technologies de l'Information (BEFTI), elle a été créée en 1994 et dépend de la préfecture de police de Paris. Dirigée par un commissaire, sa mission est de lutter contre la criminalité informatique sous toutes ses formes (piratage de logiciels, intrusion dans les systèmes informatiques…). Mais il faut rappeler que cette Brigade s'appelait à l'origine SEFTI (Service d'Enquêtes sur les Fraudes aux Technologies de l'Information) et que c'est après le constat d'un manque cruel de moyens – en 1999, le SEFTI comptait 9 officiers et 11 agents, pour plus de 600 affaires traitées – qu'elle a été rebaptisée BEFTI.

2. Dans le cas de la cybercriminalité informatique, il est très difficile d'évaluer les conséquences économiques de la modification d'une page d'accueil (également appelée deface de site, cf. p. 94) et de sa médiatisation. Mais, si on ne peut chiffrer avec précision le coût de la perte de confiance d'une clientèle ou d'un prospect, il n'en demeure pas moins que ce type de délits est relativement important en France, alors même que notre pays est « sous-internetisé »[2].

---

1. http://www.silicon.fr.

2. Le nombre d'internautes a progressé de 45 % en France en 2000 pour atteindre 8,5 millions, mais ce chiffre demeure encore faible par rapport aux autres nations occidentales.

C'est dire l'ampleur que ce phénomène peut prendre dans les pays les plus avancés sur ce plan !

3. La société française dans son ensemble – parce que sous-internétisée, justement – se montre peu intéressée parce qu'elle estime être une délinquance marginale, guère susceptible à ses yeux de troubler l'ordre public. Combien de parents savent qu'au collège (déjà !), la plupart des jeunes connaissent les principaux *tricks* (trucs et astuces liés à l'utilisation des nouvelles technologies) pour ne pas payer les communications de leur portable.
4. Beaucoup de banques, pour avoir choisi un système de cryptage très insuffisant et n'avoir pas réagi à temps, préfèrent encore rembourser sans difficulté les victimes des « fraudes à la carte bancaire » plutôt que de proposer des solutions vraiment efficaces. Pour autant, cela ne veut pas dire qu'elles restent les « bras croisés ». Ainsi, les banques françaises se sont unies pour permettre un « vrai » développement du commerce en ligne. Certaines travaillent sur des nouveautés technologiques, que ce soit au niveau des terminaux, de la sécurisation de la carte ou du cryptage. Une solution de sécurisation des paiements, baptisée Cyber-Comm[1], a même été proposée. Mais, cette solution – qui fait intervenir la carte à puce et la saisie du code secret *via* un lecteur relié à un PC par transposition à domicile du boîtier des commerçants, pour éviter toute circulation du numéro de carte sur Internet – demeure, aujourd'hui, en panne pour des problèmes d'application.
5. Enfin, la plupart des entreprises et des particuliers se montrent tout à fait incapables de se rendre compte qu'ils sont victimes d'une attaque lorsqu'elle se produit, ni même de la détecter lorsqu'elle a déjà été perpétrée !

---

1. http://www.cyber-comm.com.

• Le coût induit de la non-sécurisation des données sur le Réseau

Au bout du compte, le coût peut-être le plus important – conséquence de ces cinq raisons – est le manque de confiance dans Internet. Ainsi, seuls 25 % des Français ont le sentiment que les données informatiques sensibles, comme les numéros de cartes bancaires ou les dossiers de la Sécurité sociale, sont bien protégées. À noter que ce sont les personnes les moins diplômées qui sont les plus confiantes (33 %)[1]. Aux États-Unis, trois Américains sur quatre pensent qu'Internet n'est pas suffisamment sécurisé pour entreprendre des opérations financières en ligne tandis que 29 % n'y voient aucun inconvénient. Pour Fannie Mae – un géant américain du prêt à l'immobilier –, le souci de sécurité ne touche pas seulement les transactions par carte bancaire mais bien Internet dans son ensemble.

Relayée par l'actualité – vol d'informations, écroulement de plusieurs sites emblématiques comme Boo.com... – la confiance en Internet et ses modes de sécurisation ne pèse pas lourd face à la cybercriminalité grandissante. Longtemps désarmés, car ils n'avaient plus affaire à des braqueurs traditionnels mais à de véritables génies dans le domaine des nouvelles technologies, les États travaillent, désormais, de concert.

• Vers une cartographie internationale des dangers liés à la cybercriminalité

Pour mieux comprendre les dangers liés à la cybercriminalité sous toutes ses formes : virus informatiques, usurpation de noms

1. Enquête Ipsos pour Powow.net., 2001.

(Vivendi a ainsi dû payer 24 millions de francs – 3,66 millions d'euros – en juillet 2000 pour acquérir le nom de site vis@vis), détournement de moyens de paiement, piratage de sites, mais aussi drogue, bioéthique, espionnage industriel, pornographie, droits de l'homme…, nous avons interrogé Daniel Martin, ancien Commissaire Divisionnaire de la Direction de la Surveillance du Territoire (DST) dont il a créé la section informatique. Aujourd'hui, après son passage au sein du contre-espionnage français, Daniel Martin est responsable du Service de Sécurité (assistance et protection) de l'OCDE (Organisation de Coopération et de Développement Économique).

Interview 2 : Daniel Martin

Daniel Martin, comment êtes-vous devenu le père du secteur informatique à la D.S.T. ?

Cela s'est passé à la fin de 1970. À la demande de Jean-Paul Mauria, alors Directeur Adjoint chargé de la documentation à la D.S.T., nous avons monté le pôle informatique. À partir de là, nous avons entièrement reformaté le fichier de la maison. Il faut rappeler qu'à l'époque, la loi Informatique et Liberté permettait l'accès aux fichiers des services secrets. Dans le même temps, une charte de sécurité informatique a été établie qui, par la suite, devait être conseillée auprès des entreprises et des écoles d'ingénieur.

On parle beaucoup des dangers du Web…

Il est vrai que le Web peut servir à des délits mais aussi à des crimes. Il faut néanmoins relativiser cela. En réalité, le Web n'est pas, au moins, sur cet aspect, plus dangereux que les risques que nous affrontons tous les jours dans la vie réelle. Simplement, par le Web, il est plus rapide d'agir et de faire disparaître toutes traces suspectes. Prenez l'exemple de la bande à Bonnot, premiers voyous à avoir utilisé la voiture pour braquer des banques ; pour autant, la voiture n'a pas à être accusée des braquages. Il en va de même pour le Web.

Vous mettez en parallèle le Web et le droit de la mer...
Aux XVIIe et XVIIIe siècles, les pirates faisaient régner la terreur sur les mers du globe. Pour les combattre, il a fallu définir des moyens et, surtout, accepter, dans cette lutte, de travailler avec d'autres nations. Pour combattre le piratage sur le Web, il faut faire de même. À ce jour, ce sont encore les pays développés qui possèdent les meilleurs équipements de surveillance et de contrôle, notamment les États-Unis qui fournissent l'essentiel de la bande passante sur Internet. Aussi, sauf mobilisation internationale vigoureuse, ce sont encore les normes éthiques des pays développés qui constituent le socle d'un éventuel code de bonne conduite. Le problème est que chaque État conserve ses propres règles. Ainsi, les Américains voudraient pouvoir opérer des perquisitions électroniques n'importe quand et n'importe où, ce qui ne s'accorde pas avec le droit français. Enfin, il faut aller vite si l'on considère que l'idéal, qui pourrait être la modification des infrastructures d'Internet de façon à assurer une protection presque parfaite, demande cinq à dix ans. Si l'on ne fait rien, on peut se faire du souci. Les hackers auront encore de « beaux jours » devant eux !

Mettre le Web sous globe ?
Non ! Il n'est d'ailleurs pas question de toucher à la liberté sur le Web. Je pense davantage à des accords internationaux qui peuvent délimiter ce qu'il est possible de faire sur le Web pour constituer des preuves et, ainsi, pouvoir mettre la main sur les cybercriminels. Comme Clémenceau a créé les brigades du Tigre, il faut, désormais, créer des cyberpatrouilles internationales pour lutter à armes égales avec les criminels qui sévissent

sur la Toile. Sans compter, aujourd'hui, la mainmise de la mafia sur la cybercriminalité[1].

Pour vous, le hacker, est-il un cybercriminel ?
Pour moi, le hacker est un bidouilleur. Le vrai hacker n'est pas heureux. Il passe sa vie devant sa machine à tenter de percer les secrets qui l'entourent. Son bonheur est fugace, il trouve et puis il recommence. Avec l'âge, il change et comprend qu'il risque beaucoup. Pour ce qui est des pirates, ceux qui utilisent le savoir des autres pour s'enrichir, ceux-là sont des cybercriminels. Ce sont eux qui doivent avant tout être mis hors d'état de nuire.

La loi Godfrain du 5 janvier 1988 n'est-elle pas trop ancienne ?
Non, cette loi se veut généraliste, elle remplit son rôle. C'est plutôt la loi Informatique et Liberté qu'il faudrait revoir.

En trente ans de carrière, qu'est-ce qui vous a le plus marqué dans le monde de la cybercriminalité ?
Très certainement, la première affaire informatique de grande ampleur ; celle qui nous a confrontés avec le CCC [le Chaos Computer Club de Hambourg – cf. Prologue]. À l'époque, aux ordres du KGB, les membres du CCC n'avaient pas hésité à pirater des dizaines de machines appartenant à la NASA ou SGS-Thomson pour la France.

1. Antonio Orlando, natif de Palerme, voulait détourner les 2000 milliards de lires (1,07 milliard d'euros) déposés par la trésorerie régionale sur un compte de la Banque de Sicile – une somme considérable qui provenait des subventions de l'Union Européenne destinées à l'aide au développement de l'île. Le butin devait s'« évaporer » *via* le réseau interbancaire de transferts de fonds. Seule la rumeur engendrée par les démarches d'Orlando pour s'octroyer une complicité en interne – en l'occurrence celle d'un directeur de la Banque – l'a compromis.

Partie 2

Les hackers, utopistes ou criminels ?

Chapitre 4

Le vade-mecum du hacker

• L'idéologie des hackers...

L'idéologie hacker, pour sa version la plus exigeante, repose sur le principe que toute information doit être libre et l'accès aux ordinateurs illimité et total[1]. Plus précisément, quatre points communs aux hackers caractérisent ce qui fonde leur idéologie.

1. Contrairement aux *crackers* qui « déplombent les logiciels, et aux codeurs, comme Mandragore[2], dont la spécialité est la réalisation et la diffusion de virus (cf. ci-dessous, *L'idéologie des crackers...*), tous les hackers cherchent à « construire quelque chose »[3].
2. Ce n'est pas la presse qui fait d'eux des hackers, encore moins l'auto-proclamation qui tente certains, mais la scène, c'est-à-dire la communauté internationale du hack.
3. Les hackers s'accordent sur ce qui fait un « bon hack » :
   - le hack doit être simple,
   - le hack doit faire preuve d'une véritable expertise technique,

---

1. S. Levy, *Hackers : Heroes of the Computer Revolution*, New York, Delta, 1984, p. 40.
2. Mandragore : auteur, notamment, du virus *G spot*, est aussi connu sous le nom de Gnuman.
3. E.-S. Raymond, « How to become an hacker? », document publié sur Internet.

- le hack doit être illégal,
- le hack ne doit pas être limité aux seules intrusions sur ordinateur.

4. Quatrième point commun : l'esprit du hack. Tous se doivent d'y adhérer – c'est d'ailleurs cet esprit qui les distingue définitivement de la criminalité informatique et du terrorisme, comme d'ailleurs de toute industrie liée à la sécurité informatique. Parmi les valeurs de cet esprit du hack qui, en quelque sorte, fonde le « code des hackers » :
   - la gratuité de l'information sur Internet,
   - la propriété intellectuelle doit appartenir à tous ceux qui en ont la compréhension,
   - les grandes entreprises ne sont pas dignes de confiance,
   - les grands gouvernements le sont encore moins,
   - toute tentative de légiférer et donc de restreindre le cyberespace doit être combattue,
   - le savoir-faire technique est la vertu qui doit être la plus valorisée.

Pour bien comprendre ce qui fonde l'esprit du hack, il faut s'intéresser à la TAZ : la *Temporary Autonomous Zone*.

• La TAZ (*Temporary Autonomous Zone*), quintessence de l'esprit du hack

Véritable outil de guérilla, la TAZ est structurée et organisée autour de hackers et de groupes de hackers. Pour Hakim Bey, idéologue et premier développeur du concept de la TAZ, celle-ci « ne se définit pas. » « Des « utopies pirates » du XVIIIe au réseau planétaire du XXIe siècle, elle se manifeste à qui sait la voir. « Apparaissant-disparaissant » pour mieux échapper aux

Arpenteurs de l'État, elle occupe provisoirement un territoire, dans l'espace, le temps ou l'imaginaire, et se dissout dès lors qu'il est répertorié. La TAZ fuit les TAZs affichées, les espaces « concédés » à la liberté : elle monte à l'assaut puis retourne à la clandestinité, à l'invisible. Elle est une « insurrection » hors le Temps et l'Histoire, une tactique de la disparition. »[1]

Page de couverture de l'ouvrage T.A.Z[2], © Autonomedia, 1991

La TAZ cherche à paralyser le Net afin de provoquer des situations favorables à... elle-même. Pour Hakim Bey, toujours, il doit être possible de concevoir cette stratégie comme une tentative de construction d'un Net alternatif, autrement dit, un Net « libre », qui ne soit plus parasitaire et qui puisse servir de base à une nouvelle société émergeant de la coquille de l'ancienne. Pratiquement, le « Contre-Net » et la TAZ peuvent être considérés comme des fins en soi – bien que, de façon théorique, ils peuvent être perçus comme des formes de lutte pour une réalité différente.

Aussi, la TAZ ne s'intéresse-t-elle à l'informatique qu'à la condition que celle-ci serve ses desseins. Uniquement préoccu-

1. H. Bey, *T.A.Z., The Temporary Autonomous Zone,* Brooklyn, Autonomedia, 1991.
2. H. Bey, *Op. cit.*

pée par la fin qui la motive – raids sur la réalité consensuelle, échappées vers une vie plus intense et plus abondante –, la TAZ renonce à l'utilisation des ordinateurs lorsque ceux-ci ne sont pas adaptés aux actions qu'elle entreprend.

• L'underground informatique ou les règles secrètes du hack

Le concept d'*underground* informatique est apparu avec le Chaos Computer Club de Hambourg qui souhaitait pousser ses réflexions sur les hackers et le *phreaking*. L'*underground* n'est ni un serveur, ni un journal, ni un groupe précis, mais un ensemble de relations et d'histoires qui se répètent et se perpétuent à travers des discussions. L'*underground* forme un monde à part, totalement virtuel, avec ses propres règles – jamais écrites mais en principe toujours respectées – comme : « Ne jamais effacer de données sur un système d'information excepté pour couvrir sa trace. »

Aux États-Unis, il y peu de temps encore, un vaste underground traitait du hacking et du *phreaking*, animé notamment par des groupes comme Phracks Inc. et Computer Underground Digest. Les *phracks* sont connus en particulier pour avoir rédigé une *newsletter* sur Internet dont la qualité des informations et la variété des domaines abordés étaient particulièrement appréciées des cybernautes.

Pour assurer la continuité du mouvement, il y a toujours eu un contact fort entre les anciens *mate*, autrement dit les meilleurs qui se sont fait prendre ou qui se sont retirés, et les jeunes hackers qui arrivaient dans l'*underground*. Autrement dit, il revient aux anciens de former les plus jeunes avant de quitter la *scène*. Des pirates de renom ont ainsi marqué les esprits. Parmi eux : Cheshire Catalyst, Cap'n Crunch, Zap, Gandalf. Tous ayant réussi de nombreuses intrusions dans des systèmes réputés impénétrables.

Un autre groupe célèbre, aussi important qu'organisé, s'est également illustré : Les *Legions of Dooms*, plus connus encore sous les initiales LoDs. Arrêtés après quelques piratages de légende, quatre des principaux leaders des LoDs ont été condamnés à Atlanta. Depuis, reconversion oblige, plusieurs membres des LoDs ont créé une société… d'audit en sécurité, la Comsec Data Consulting.

En comparaison de l'*underground* américain, l'*underground* français n'a, lui, jamais véritablement existé. Certes, de multiples « îlots » ont bien tenté de percer. Parmi eux : Nick au sein de Mcom, les hackers de Ribourel, les Slans sur Vmf/Mop, Tekila's Underground dans le club Télécoms sur Rtel ou, encore, le Royaume Télématique sur la section Problèmes de liaisons spécialisées du serveur de la Dtrn ainsi que Piratel sur un serveur gratuit vidéotext. Tous ces micro-*underground* n'ayant duré que quelques mois au plus.

Parmi les rares faits marquants de l'*underground* français, l'affaire du Cd-rom Internet interdit qui regroupait la grande majorité des écrits et logiciels dédiés au piratage et contenait, notamment, des générateurs de numéros de cartes bancaires, des logiciels de piratage et de cryptologie et, même, un mode d'emploi pour fabriquer des bombes. Une copie du mode d'emploi a d'ailleurs été retrouvée en 1999 dans le garage de deux ressortissants suisses découverts morts – tués par la bombe qu'ils tentaient de mettre au point. Il est vrai que depuis l'arrestation de l'auteur du Cd, celui-ci avait été copié et largement diffusé. Des tee-shirts arborant une tête de mort en faisaient même la promotion au cœur de nombreux salons professionnels dédiés à… la sécurité informatique.

• Le Chaos Computer Club

Créé par des pirates allemands, le Chaos Computer Club est aujourd'hui une respectable association. Le CCC s'est fait connaître dès le début des années 80 parce qu'il est bien convenu d'appeler des « coups médiatiques ». On lui a ainsi attribué le piratage d'une banque allemande, celui du site de la NASA et celui de plusieurs sites d'universités allemandes. Le plus souvent, d'ailleurs, le CCC n'y était pour rien. On ne prête qu'aux riches ! Le CCC français, lui, va apparaître à la fin des années 80. À sa tête, Jean Bernard Condat, un jeune Lyonnais, étudiant en informatique. En réalité, celui-ci a été recruté par la DST pour créer de toutes pièces un « vrai-faux » club de pirates « à la française ». Objectifs : constituer un fichier de pirates afin de pouvoir intervenir en cas de problèmes et, surtout, mettre la main sur de mystérieux pirates qui prenaient pour cible, déjà à cette époque, de trop nombreux serveurs français.

« Les hackers, explique Andy Mueller-Maguhn, sont certainement les personnes les plus âgées sur le réseau et tous ont eu à un moment ou un autre une influence sur le développement du Net. Quand j'ai commencé à m'impliquer dans des réseaux informatiques dans les années 80, poursuit Andy Mueller-Maguhn, l'accès aux réseaux n'était pas prévu pour les utilisateurs lambdas. Ainsi, nous avons dû fouiller, modifier, légèrement pirater les systèmes, emprunter les identifications d'utilisateurs de réseaux aux compagnies et explorer ces nouveaux mondes étranges. Nous avions de la chance, les lois informatiques n'étaient pas encore présentes. Aussi, avons-nous pu œuvrer contre l'influence excessive des intérêts commerciaux sur la Toile. [...] Mais, qui dit liberté, à cette époque, dit aussi graves erreurs. Quelques personnes, proches du CCC, ont essayé de vendre des informations aux services secrets soviétiques d'alors, le KGB. Aujourd'hui, la grande majorité des personnes qui se prétendent hackers ne sont, en réalité, que d'honnêtes *surfers*. » À ce jour, on évalue l'élite des hackers, autrement dit, ceux qui ont une expertise suffisante pour s'introduire dans les systèmes complexes, à quelques centaines seulement, autant dire une poignée en regard des 450 millions d'internautes estimés.

Chapitre 5

L'hacktivisme

• Quand le hacker se veut « redresseur de torts »...

Agence Reuters – 30 décembre 1998. Après avoir dérobé près de 31 400 dollars à une banque, deux pirates informatiques chinois ont été condamnés à mort par un tribunal de Yangzhou (province de Jiangsu près de Shanghai). Les deux pirates, deux frères, avaient ouvert seize comptes auprès de la Banque Industrielle et Commerciale de Chine pour y établir des dépôts fictifs grâce à un logiciel installé sur un terminal de la banque. D'après la presse locale, l'ensemble des sommes dérobées aurait pu être récupéré.

À des fins politiques ou économiques, souvent les deux, l'hacktivisme – appelé également « cyberattaque » – se développe sur le Réseau. Ce terme, forgé à partir des mots *hacker* et *activisme*, a été inventé par le groupe cDc (Cult of the Dead Cow – « Culte de la vache morte » auquel nous consacrons le début du chapitre 7) et il apparaît pour la première fois en 1994 dans un texte du Critical Art Ensemble (CAE) qui prône la désobéissance civile informatique.

Les hacktivistes insistent sur la légitimité de leurs actions puisque chacune d'elles, dans l'idéal du moins, doit être perpétrée sans soutien informatique lourd. En contrepartie, ces mêmes actions nécessitent la mobilisation de millions d'internautes (il faut au minimum dix mille connexions par minute pour saturer un serveur). Pour les structures victimes de ces attaques, les coûts financiers induits sont tels que l'on ne saurait sous-estimer la portée de l'hacktivisme. ®™ark, par exemple, se présente comme une société de courtage qui permet aux utilisateurs d'investir dans des actions de sabotage. Véritable « Robin des Bois », ®™ark se veut défenseur des petits contre les puissants. Ainsi, une société dont le nom de domaine était etoy.com, attaquée en justice par l'un des leaders mondiaux du jouet en ligne etoys.com et sommée par celle-ci de fermer son site, a trouvé auprès de ®™ark, un appui fort. ®™ark prenant fait et cause pour etoy a participé de façon très active et très violente à la *Toy war* lancée par etoy.com contre eToys.com. L'une de ses actions les plus spectaculaires a été l'inversion des puces électroniques des poupées G.I. Joe et Barbie, donnant à Barbie une voix rauque et à G.I. Joe des propos très « adultes ». eToys.com aurait ainsi perdu environ 7,5 milliards de dollars en Bourse [1].

Interview 3 : Un responsable de ®™ark [2]

C'est quoi ®™ark, au juste ?
®™ark est une société de courtage bénéficiant, comme toute société privée, de la « responsabilité limitée ». Ce principe lui permet de réunir des fonds et d'investir dans le sabotage et l'altération médiatiques de produits commerciaux tels que des poupées, des jeux éducatifs ou, encore, des vidéos. Ce mode de financement permet aux investisseurs de garder l'anonymat et de les dégager de toute responsabilité.

® ™ark n'est donc qu'une société ?
®™ark n'est effectivement qu'une société bénéficiant de la protection allouée aux entreprises privées. Mais, à la différence

1. A. Gonzague, J.-M. Manach, E. Pansu, A. Piquard, K. Portrait et D. Tromparent, « Qui a peur des hacktivistes ? », *Transfert* n° 8, octobre 2000.
2. Source : http ://www.rtmark.com.

de la majeure partie d'entre elles, son objectif est d'enrichir la culture, pas son porte-monnaie, c'est-à-dire qu'elle cherche un profit culturel et non financier.

Mais encore ?

Alors que les sociétés privées ordinaires ne sont que des machines entièrement dévolues à l'amélioration de la santé financière de leurs actionnaires (au détriment, bien souvent, de la vie et de la culture), ®™ark est une machine à améliorer la culture et la vie de ses actionnaires (au détriment, parfois, de la santé de certaines sociétés privées). ®™ark se sert du sabotage facilité par ces investissements pour créer du sensationnel dans la presse et les médias, afin de faire mieux connaître les abus des sociétés commerciales envers la loi et la démocratie. ®™ark a ainsi obtenu son premier grand succès en 1993, en finançant l'échange de 300 boîtes vocales de poupées Barbie sur leur équivalent masculin G.I. Joe et vice-versa. Cette action, finement élaborée, impliquant stratégiquement les médias, a eu un retentissement international. Tout aussi célèbre : l'affaire SimCopter en 1996 où un programmateur payé par ®™ark a été inséré dans un jeu vidéo de combat. Résultat, les hommes ne se faisaient plus la guerre, ils s'embrassaient. Les copies de ce jeu ont été distribuées à 80 000 exemplaires chez la plupart des revendeurs de jeux vidéo. Plus récemment, ®™ark a mis sur le Web une copie revisitée du site de George W. Bush, alors candidat aux élections présidentielles américaines, mettant en valeur le niveau rudimentaire de la politique américaine résultant de sa dépendance au marché. Cela a déclenché non seulement des attaques de la part du candidat et une frénésie médiatique, mais aussi l'apparition de nombreux autres sites de copies revisités par des auteurs sans relations avec ®™ark.

Qu'entendez-vous par « fonds mutuels d'investissement » ?

Le regroupement de différents investisseurs, au sein d'un seul et même projet, remplit à peu près la même fonction que ses équivalents financiers. En facilitant l'investissement basé sur des domaines d'intérêt général, ils permettent aux investisseurs de participer à des comportements imprévisibles sans préjuger de leurs natures et conséquences. Ils sont aussi appelés « fonds mutuels » de façon à attirer l'attention sur cette façon qu'ont un grand nombre de personnes à faussement s'identifier aux besoins des sociétés privées.

Comment puis-je investir ou m'engager aux côtés de ®TMark ?

Vous trouverez sur notre site la liste des projets en cours ainsi que la liste de nos précédentes actions. Ceux qui veulent investir dans ®TMark en tant que tel trouveront également des kits médias (communiqués de presse et vidéos).

Comment puis-je proposer un projet ?

Visitez notre « atelier des nouveaux projets », ou écrivez-nous, tout simplement.

Jusqu'où ®TMark est-il prêt à aller en vue d'améliorer le « profit culturel » ?

A la différence des sociétés privées, qui ne connaissent pas de limites dans leur quête de profits financiers, ®TMark ne fera jamais la promotion de projets pouvant entraîner des blessures physiques à des êtres humains. C'est la seule limite éthique que nous nous sommes fixée.

Ai-je le droit de lire ceci au travail ?

Parce que votre emploi du temps appartient à votre employeur, il peut légalement surveiller ce que vous consulter sur le Web, vos e-mails, etc. [En France, celui-ci doit vous avertir de cette « cybersurveillance ». De même, il doit vous avoir fait signer un règlement intérieur approprié où cela est spécifié.]

Les sociétés privées peuvent se déplacer. Aussi, si vous arrivez à mettre des limites à leurs « droits », peuvent-elles « remballer » leurs affaires et aller s'installer ailleurs, laissant un grand nombre de personnes sans travail. Vous aimeriez limiter leurs « droits ». Êtes-vous prêts à revendiquer le fait qu'il en soit fait ainsi en tout lieu et d'un seul tenant ?

Les solutions à de tels problèmes, énormes et systémiques, ne sont jamais simples.

Comment puis-je investir dans ®™ark ?

Il suffit d'écrire à invest-fr@rtmark.com.

• Existe-t-il de « bons » hackers et de « mauvais » hackers ?

Existe-t-il, dans les territoires de l'illégalité, des *bons* hackers – des Zorro, redresseurs de torts, en quelque sorte, n'hésitant pas à porter le fer contre la nouvelle économie, « Greenpeace » des nouvelles technologies, véritables Arsène Lupin capables de ridiculiser la mondialisation – et des *méchants* hackers – parfois plus « bêtes que méchants » d'ailleurs –, inconscients des dégâts qu'ils causent, animés du seul plaisir de détruire pour détruire ?

S'il existe, à l'évidence, une « hack attitude », un esprit du hack, les exemples qui suivent montrent bien la difficulté à la définir.

Lors de la crise du Kosovo, c'est à l'initiative de l'EFF (Electronic Frontier Foundation) – un groupe de hackers qui défend la liberté d'expression et la protection des données personnelles – que le serveur Anonymizer.com (un service gratuit et anonyme de messagerie électronique) avait été lancé pour aider l'opposition serbe à s'exprimer sur Internet sans risques de répression de la part du régime. Dès son lancement – nous sommes le 26 mars 1999 – plusieurs milliers de personnes l'utilisent. Certaines communications par e-mail sont ainsi devenues célèbres. Ainsi, les messages d'Adona, une jeune Albanaise de 16 ans, seront publiés sur le site de CNN. Ses « e-mails from Kosovo », d'un caractère très personnel, sont adressés à un correspondant de son âge, Finnegan Hamill, un lycéen de Californie. Seulement voilà, parmi les extraits communiqués au public, s'immiscent des formes de récupérations politiques. Ainsi, lorsque ces propos sont prêtés à Adona : « À propos de l'OTAN, tu sais, je pense qu'il devrait venir et nous protéger. [...] je ne sais même plus combien de gens ont été tués ». C'est là une difficulté concrète à laquelle se trouvent confrontés les hackers quand, en voulant ménager un espace de liberté, ils obtiennent, finalement, un résultat souvent inverse.

Autre exemple qui permet d'illustrer la difficulté à classer tel ou tel groupe de hackers dans un camp ou un autre, l'affaire du groupe « hacktiviste » : Legions of Underground (LoU ; www.legions.org). L'histoire débute en 1998 par un simple piratage : le *deface* (la modification d'une page d'un site), signé « LoU », d'un site créé par le gouvernement chinois à la gloire des Droits de l'homme. Les choses auraient pu en rester là, mais les membres de LoU, en représailles à l'exécution de deux pirates chinois (cf. ci-dessus), franchissent un nouveau pas et débloquent plusieurs accès de sites censurés par le gouvernement chinois. Aussi, après avoir infiltré des ordinateurs qui servent de *firewall* – outils destinés, ici, à filtrer les communications Internet depuis la Chine – les membres de LoU déclarent la guerre électronique totale contre la Chine, mais aussi contre l'Irak en appelant la *scène* (la communauté internationale des hackers) à la destruction complète de tous les systèmes d'information de ces pays. Mais en janvier 1999, coup de théâtre, la *scène* réagit. Les groupes les plus en vue font savoir qu'ils se désolidarisent de façon officielle du mouvement lancé par LoU. Le Chaos Computer Club, l'Opht Heavy Industry, et Hispanahack dénoncent ainsi sans aucune ambiguïté toute tentative qui viserait à menacer ou détruire l'infrastructure de communication d'un pays. Se posant comme les défenseurs de l'esprit du hack, ces groupes s'engagent à « laisser les réseaux de communications intacts » au motif qu'ils sont le système nerveux de notre planète. Tout autant, en veillant à ce que ne soit pas sciée la branche sur laquelle ils sont assis, ils protègent leurs intérêts. LoU est donc mis au ban de la « société du hack », non sans contradiction, d'ailleurs, comme nous le verrons plus loin en étudiant le dernier manifeste du CdC (Cult of the Dead Cow) : « Hacktivismo ».

• DefCon, réunion mondiale des pirates et des professionnels de la sécurité

Nous l'avons souligné au début du chapitre 4, les professionnels de la sécurité informatique s'accordent pour dire que la défense des flux de circulation de la communication et de l'information est effectivement la grande idée des hackers. C'est d'ailleurs l'un des thèmes récurrents d'une manifestation annuelle particulièrement suivie : le DefCon.

DefCon, c'est l'abréviation de *Defense Condition*, le nom de code qui serait utilisé par la Défense américaine en cas d'attaque nucléaire. Le premier DefCon a été organisé en 1993 et il réunit depuis, chaque année, à Las Vegas, le plus souvent en juillet, les pirates et les professionnels de la criminalité informatique[1]. Limité à 5 000 participants, le droit d'entrée est de 50 dollars. Comme le Festival de Cannes ou celui d'Avignon, le DefCon est

1. http:/www.defcon.org et http://www.2600.com.

célèbre également pour ses activités « off », parmi lesquelles : *Find the Fed* (« identifiez l'agent du FBI ») qui consiste à identifier parmi les hackers celui ou ceux qui sont passés sous contrôle du Gouvernement américain ; ou encore *Hack Party*, un piratage « live » et débridé [1].

Lors du DefCon de 1999, Philip Loranger, Directeur de l'information pour l'armée américaine, avait exposé les difficultés qu'il rencontrait pour protéger le réseau de l'armée du fait des trop nombreuses passerelles vers Internet et des trous de sécurité. Il avait également expliqué qu'en cas de cyberguerre totale, il était vraisemblable que les hackers, partisans de « l'ouverture totale à tous de l'ensemble des informations disponibles sur le Net », seraient les premiers à être pris pour cible.

Si la plupart des hackers n'ont pas pour ambition de détruire, l'idéologie à l'origine du mouvement est fortement marquée par la pensée gauchiste et anarchiste qui caractérise les années 60. Aujourd'hui encore, grâce à leur grande connaissance du Réseau et à leur arsenal de logiciels clandestins, les hackers mènent une guérilla incessante contre les symboles de l'ordre établi, qu'il s'agisse de l'administration, de l'armée ou des multinationales[2]. Persuadés que la lutte contre l'ordre établi du monde capitaliste passe par le piratage mais aussi par la capa-

1. Dans le même genre, une *Hope Conference* (H2K2) est organisée à New York les 12, 13 et 14 juillet 2002.

2. Eudes Y., « Qui a peur de Dennis Moran ? », *Le Monde*, samedi 1er juillet 2000.

cité à démocratiser l'information, les hackers militent, le plus souvent au sein de sous-groupes *underground*, pour la gratuité des logiciels et la libre utilisation par tous de tous les programmes informatiques.

• L'« Open Source », la communauté la plus représentative du hack

La communauté la plus représentative à cet égard est « l'Open Source ». Pour ses membres, un programme informatique n'est pas une marchandise, mais de l'information scientifique qui doit être partagée et diffusée librement. Ils travaillent donc en commun pour créer des logiciels libres et ouverts qu'ils mettent ensuite gratuitement à la disposition de tous. L'« Open Source » fait incontestablement partie des fondamentaux d'Internet. Imposée à l'époque par l'ARPA (Advanced Research Project Agency)[1] pour favoriser l'innovation et l'essaimage.

Mise en application, cette idée va entraîner l'apparition des *sharewares* – ces programmes gratuits mis à la disposition de l'utilisateur qui, s'il s'en trouve satisfait, peut, à sa convenance, payer le concepteur. C'est ainsi qu'en 1969, le système d'exploitation UNIX, qui aujourd'hui encore force le respect et l'admiration de tous, est créé par Ken Thompson et Denis Ritchie, deux « bidouilleurs de génie » dont nous avons parlé plus haut.

Trente ans plus tard, le hacking ne « se cache plus ». L'avènement du World Wide Web, la multiplication des programmes d'in-

---

1. L'Advanced Research Project Agency a été créé en pleine guerre froide par le Ministère américain de la Défense à la demande du Président Eisenhower. La vocation de l'ARPA est de renforcer la recherche susceptible d'intéresser les militaires. C'est dans ce cadre que s'est développé l'Arpanet, l'ancêtre de l'Internet tel que nous le connaissons aujourd'hui.

filtration en téléchargement sur le Réseau (un utilisateur peut, à son insu, en surfant sur le Web et en visitant un site, déclencher des programmes exécutables qui vont infiltrer son propre ordinateur) et la « démocratisation » même du hacking – en marge de toute idéologie et éthique ; ainsi, une école dite du hacking (ZI Academy) a même vu le jour à Paris – marquent l'avènement du « hacking de masse ». Désormais, plusieurs familles coexistent qui, toutes, répondent à des motivations différentes.

Chapitre 6

Catégories et motivations des hackers

• Les grandes catégories de hackers…

S'il existe certainement autant de définitions du mot « hacker » que de hackers, nous pouvons néanmoins distinguer quelques groupes, soit en fonction de leurs profils, soit en fonction de leurs motivations.

Les élites

Cette première catégorie comprend plusieurs sous-groupes.

– Les *White Hats* (« chapeaux blancs ») : ce sont des consultants en sécurité informatique, voire des cyberpoliciers. Ils ont un grand sens de l'éthique et de la déontologie. Ce qu'ils aiment dans le hack est un subtil mélange de défi technique, de jeu, de fierté et d'argent. Les *White Hats* sont certainement assez proches de la véritable « idéologie hacker ». Un peu idéalistes, un peu mercenaires, ils se sont souvent donnés pour mission de défendre la liberté d'expression et le libre partage des connaissances. Mais il faut noter que la grande majorité des hackers américains se considèrent ainsi. Pour cela, ils se battent sans répit contre les bureaucrates et les hommes d'affaires qui travaillent à s'emparer du Net. Mais comme rien n'est jamais simple, ces « chapeaux blancs » virent parfois un peu au gris… Ils exigent de rester anonymes, mais n'hésitent pas à se montrer et à prendre la parole pour défendre leurs convictions[1].

1. Y. Eudes, « Au bonheur des pirates », *Le Monde*, jeudi 26 octobre 2000.

– Les *Black Hats* (« chapeaux noirs ») se livrent en revanche à des activités franchement illégales : espionnage, escroquerie, vandalisme, propagation de virus, blocage de sites. Ils vivent dans la clandestinité et sont largement rejetés par l'ensemble de la communauté informatique.

Les Curious Joe

Ce sont des passionnés d'informatique, qui en connaissent assez pour causer des dommages. leurs vecteurs d'apprentissage a été Telnet et les sites FTP. Les *Curious Joe* veulent tester leurs trouvailles et leurs outils sans intentions foncièrement mauvaises. Mais, souvent, leur inexpérience les amène à créer, en toute inconscience, de graves dégâts.

Les Script-kiddies

Nous en reparlerons dans le chapitre 8, mais nous pouvons d'ores et déjà les présenter. Les *Script-kiddies* (un néologisme qui fait à la fois référence au script, c'est-à-dire à l'écriture d'un programme, et au monde de l'enfance) sont le plus souvent des néophytes en informatique qui ont pour seul objectif de nuire avec des programmes de hack « prêts à l'emploi » et récupérés sur Internet. Des sites comme Astalavista.box.sk par exemple, donnent accès à un très grand nombre de ces programmes. Armés de ces outils destructeurs, les *Script-kiddies* jouent les fiers à bras sur le Net, mais ils sont méprisés par les véritables hackers car ils n'ont pas de réelles compétences informatiques.

Les Wannabees

Ils constituent les nouvelles forces du hack. Ils ont une véritable ambition de recherche de la connaissance dans le milieu du hack et souhaitent passer dans le groupe des Élites. Pour ce faire, ils commencent souvent par améliorer les scripts de hack existants. Lorsqu'ils développent leurs propres scripts originaux, ils deviennent des Élites.

Au-delà de cette première distinction, sept groupes de hackers (au sens large du terme, donc) peuvent être distingués pour donner une image plus complète de cette communauté.

1. Des pirates désintéressés (appelés aussi *nerds*, du surnom que donnent les Américains aux férus d'informatique) qui, pour échapper à la réalité et pour le *fun*, veulent « s'amuser », se « tester » ou, plus sûrement, « faire parler d'eux ». « Je hacke, donc je suis », telle pourrait être leur devise !
2. Des jeunes gens grisés par leur nouvelle puissance qui, en toute inconscience du droit, se jettent dans une aventure qui les dépasse.
3. Des militants au service d'une idéologie – ainsi, les hackers les plus créatifs inventent en permanence des logiciels de piratage prêts à l'emploi et les font circuler gratuitement sur le Réseau, publient des modes d'emploi détaillés ou proposent des cours informels de piratage.
4. Des militants au service d'une cause politique – comme au Brésil où le site du bureau brésilien de l'Unesco a été piraté par des hackers qui y ont apposé des photos de Che Guevara et des messages hostiles au gouvernement brésilien[1].
5. Des pirates qui veulent passer au service du FBI ou à celui d'entreprises privées pour prévenir des failles dans les systèmes de sécurité. Si certains sites sont de véritables musées virtuels des plus hauts faits d'armes (le plus souvent des détournements de sites), d'autres présentent les CV de hackers « semi-repentis », prêts à se vendre au plus offrant[2].

---

1. *Associated Press*, février 2000.
2. Y. Eudes, « Du FBI aux chasseurs de prime, la traque des pirates est ouverte », *Le Monde*, vendredi 11 février 2000.

6. Des entreprises, voire des services secrets de pays qui défendent les intérêts économiques de leurs entreprises.
7. Et même, parfois, des « créateurs » à la fois de virus et d'antivirus – comme quoi, sur le Net également « on n'est jamais aussi bien servi que par soi-même... ».

En parallèle à cette tentative de classification d'une population extrêmement mouvante et discrète, Jordan et Taylor proposent une typologie sociologique des hackers par groupes de motivation[1]. Pour ces auteurs, c'est à partir de ce qui motive les intrusions sur des serveurs (ce qui, certes, sont des actions de hack, mais qui, selon nous, ne suffit pas à rendre compte de la totalité du phénomène qu'est le *hacking*) que l'on peut définir plusieurs groupes de hackers.

• Groupe n° 1 : les hackers ayant des motivations sociales, techniques ou pédagogiques...

C'est peut-être le groupe le plus commun. Il est formé de *script-kiddies* – *tagueurs* reconvertis dans les nouvelles technologies en quelque sorte – et d'individus isolés qui expriment, par les *deface* qu'ils réalisent, un réel besoin de reconnaissance. Les membres de ce groupe recherchent une approbation (un adoubement !) de leurs pairs. Au-delà de l'ego, les nouvelles technologies leur donnent la possibilité – impensable il y a encore quelques années – d'accéder à un média de masse et, ainsi, de faire passer un « message ». Hack de *prime time*, en quelque sorte, et que tout un chacun peut un jour « s'offrir », il se développe aussi vite que l'Internet.

1. T. Jordan et P. Taylor, « A sociology of hackers », *Sociological Review*, Nov. 46(4), 1998, pp. 757-780.

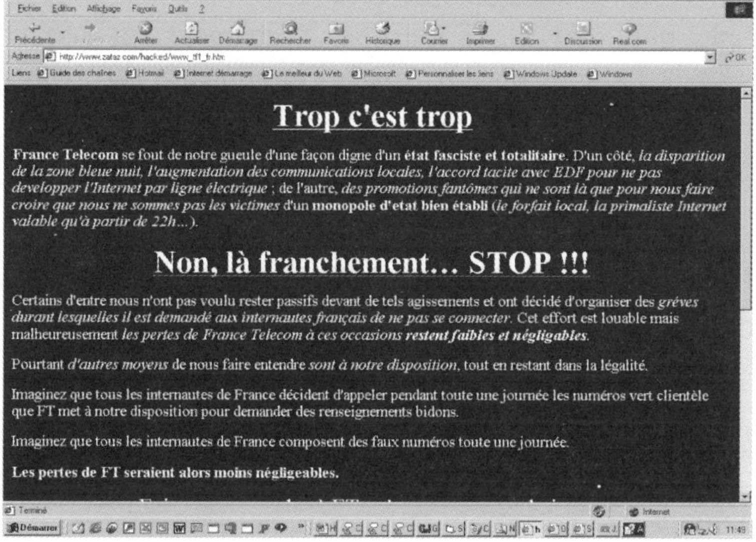

Hack du site de TF1 – http://www.attrition.org/mirror/attrition

Comme dans le cas du site de TF1, ci-dessus, les sites hackés peuvent l'être pour servir de base promotionnelle et revendicative aux idées des hackers. Bien évidemment, les sites les plus visités sont alors les plus recherchés. Dans le cadre de la défense de Napster, par exemple, de nombreux sites grand public ont été hackés, parmi eux celui de la Bibliothèque Nationale par exemple.

Si de nombreux individus – parmi lesquels, les *defacers* – se réclament de ce groupe, et affirment haut et fort leurs motivations à faire avancer et progresser la technologie en débusquant les failles, rares sont les puristes ! Citons néanmoins pour exemple le *deface* récent du site de l'*Usine Nouvelle*. Seule la page d'accueil avait été modifiée, la mise en garde adressée par le pirate étant essentiellement à destination de l'hébergeur du site, *Amen.fr*.

Notons cependant, comme c'est d'ailleurs le cas de notre exemple, que, souvent, ce n'est pas l'hébergeur qui est responsable de la faille de sécurité, mais l'imprudence du webmaster qui laisse son ordinateur en fonction, favorisant ainsi l'intrusion nocturne.

• Groupe n° 2 : les hackers ayant des motivations politiques

Composé d'individus qui véhiculent des idéaux politiques forts, ce groupe prend pour cible les sites gouvernementaux et les sites des principales administrations d'un État pour faire passer ses messages et revendications. Une véritable guerre semble, ainsi, opposer plusieurs groupes de hackers dont tout porte à croire qu'ils sont respectivement engagés par différents États. Parmi leurs modes d'actions privilégiés : le « sitting virtuel » – connexions multiples (plusieurs milliers d'ordinateurs) et très longues dans le temps – dont l'objet est la paralysie d'un serveur (cf. ci-dessous, *Le mail bombing ou délit d'entrave à serveur*).

• Groupe n° 3 : les hackers ayant des motivations financières et criminelles[1]

Composé d'individus sans grande moralité qui pénètrent les systèmes pour leur compte ou celui d'un tiers, dans le seul

1. Y. Chatelain et L. Roche, « L'hackting marketing », *in* P. Ravot (éd.), *Le Webmarketing*, Paris, Hermès, 2001, pp. 198-201.

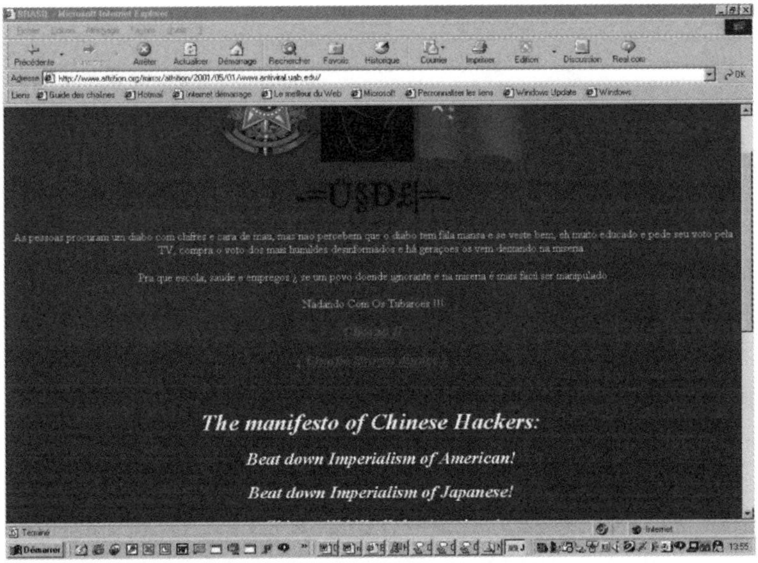

Site officiel de l'Université d'Alabama hacké par le groupe U§D£

objectif de faire de l'argent, ce groupe peut pratiquer le cybersquat, le trafic d'audience, l'espionnage industriel, le vol de données sensibles et/ou la modification des données d'un serveur.

Le cybersquat : Détournement de .com

Longtemps, le détournement de points com est demeuré l'apanage des sites adultes. Ce sont, en effet, ces derniers qui ont initié la technique, tablant sur les multiples fautes de frappes des utilisateurs – fautes liées à l'usage du clavier, à une trop grande rapidité, à un manque de connaissance... ou, encore, à la simple dynamique et aux dérives inévitables du « bouche à oreille ».

Le cybersquat : Usurpation d'identité

Dans le même esprit, l'utilisation par les webmasters des mots clés les plus tapés (souvent des noms) par les utilisateurs est une pratique également très répandue.

Le cybersquat : Usurpation contextuelle

L'usurpation contextuelle consiste à proposer une description erronée sans rapport avec le véritable contenu ou à intégrer dans ses mots clés des mots qui, s'ils ont un rapport avec l'actualité, n'ont pas de rapport avec le serveur. Très près de nous, suite aux attentats du 11 septembre 2001, des webmasters peu scrupuleux – pour ne pas dire dénués de toute morale – n'ont pas hésité, pour l'un, à déposer le nom de domaine benladen.com qui renvoie sur... un site pornographique ; pour un autre à déposer oussama.com qui, en renvoyant de façon automatique sur un autre site, permet de générer un fort trafic ; pour un dernier enfin : alqaida.com qui, à peine déposé, a été mis en vente pour la somme de 100 000 dollars. Somme qui devrait, selon l'actuel propriétaire de ce nom de domaine, être reversée... aux victimes des attentats – quand le cynisme ne connaît plus aucune limite !

Le « trafic » d'audience

• L'autorefresh financier

Parce que, sur Internet, faire de l'audience – ou, en ce cas, faire croire qu'on fait de l'audience – c'est « faire de l'argent », des annonceurs peu regardants pratiquent l'autorefresh – autrement dit, le rechargement automatique de la page selon un timing préprogrammé – pour augmenter le nombre de PAP (autrement dit Page Avec Publicité) et donc l'audience et la valorisation de leur serveur.

• L'autorefresh de positionnement

Parce que l'audience est aussi une manière d'affirmer son statut, se dire, par exemple, « Portail » n'a de sens que si des chiffres de trafic peuvent le prouver. De la même façon, comment faire confiance à un « Trafic Manager » qui n'enregistre qu'une dizaine de connexions par jour sur son site ? Parce que la fréquentation d'un site est, aujourd'hui, une garantie psychologique de « sérieux », voire une matérialisation du service proposé, la tentation de tricher quant au nombre réel de visiteurs est patente. Les méthodes, d'ailleurs, ne manquent pas. Ainsi, les statistiques du trafic d'audience peuvent être augmentées par simple multiplication des balises en charge du compte des visiteurs.

• Le benchmarking délictueux

Dans la mesure où l'étude attentive du site d'une entreprise ou d'une institution n'apporte généralement que des données restreintes et non quantitatives, la tentation peut être forte de « forcer » le *tracker* – autrement dit, l'outil statistique, comme hitbox par exemple – d'un concurrent. Grâce à ces données approfondies, le visiteur indélicat peut mieux comprendre la stratégie marketing de l'entreprise. Déjà, lors de la première conférence internationale sur le crime informatique à l'Olympia Center de Londres en 1996, il avait été fait état que 58 % des 236 premiers grands groupes américains avaient été victimes d'intrusions au cœur de leurs systèmes d'informations. Principaux accusés : les concurrents, à la recherche d'informations sensibles. Dans 18 % des cas, le préjudice dépassait le million de dollars et, pour 60 % d'entre eux, plus de 50 000 dollars. Aujourd'hui, ce sont plus de 70 % des entreprises attaquées par des hackers qui seraient amenées à déposer leur bilan dans les dix-huit mois qui suivent.

• La modification de données serveur

Cette technique consiste à pirater et à changer la destination du trafic des sites les mieux positionnés en termes de fréquentation. Dans la mesure où, le plus souvent, les gestionnaires de sites utilisent comme mot de passe... le simple nom de leur entreprise, tout le monde – ou presque – peut pratiquer ce type d'intrusions.

Quant aux motivations criminelles, elles entraînent de véritables actes de cybercriminalité qui peuvent être réalisés à titre « privé » ou qui sont commandités (par exemple par un gouvernement contre d'autres gouvernements). Au « tableau de chasse » de la cybercriminalité : l'espionnage industriel. À la différence du benchmarking délictueux, les moyens déployés ici sont sans commune mesure et permettent la mise en place de véritables réseaux dont le plus connu, aujourd'hui, est le réseau Échelon, nouvellement baptisé Tempest. Mais on trouve aussi le cyberhold-up et le cyberchantage.

Le cyberhold-up

Le premier cas recensé de piratage d'une banque date de 1994. Vladimir Levin, diplômé en mathématiques de l'Université de Saint-Petersbourg, avait alors réussi à pénétrer le réseau bancaire international SWIFT. Avec son groupe de pirates, il était parvenu à détourner 7,62 millions d'euros sur des comptes de la Citibank. En France, en décembre 1996, la CRAMIF (Caisse Régionale d'Assurance Maladie d'Île-de-France) avait vu un pirate détourner plus de 2,59 millions d'euros lors de transactions bancaires numérisées. L'informaticien responsable de l'écriture du programme du logiciel permettant le remboursement des assurés avait (tout simplement et, bien sûr, volontairement) laissé une porte d'entrée informatique (une backdoor – cf. ci-dessous, *Utilisation des backdoors*) [1].

1. Source : Damien Bancal, www.zataz.com.

Le cyberchantage

Lorsque Maxus, un jeune Russe de 18 ans, réussit à se procurer les numéros de plusieurs milliers de cartes bancaires sur le serveur de CD Universe, son but était simple : échanger leur restitution contre une rançon. La pression, d'ailleurs, était forte puisqu'il menaçait de rendre publique un certain nombre de numéros. Sans réaction de CD Universe dans les délais fixés, et comme l'a révélé un article publié par *Internetnews.com*, il a mis sa menace à exécution : 25 000 numéros de cartes de crédit ont ainsi été mis gratuitement à la « disposition » des internautes…

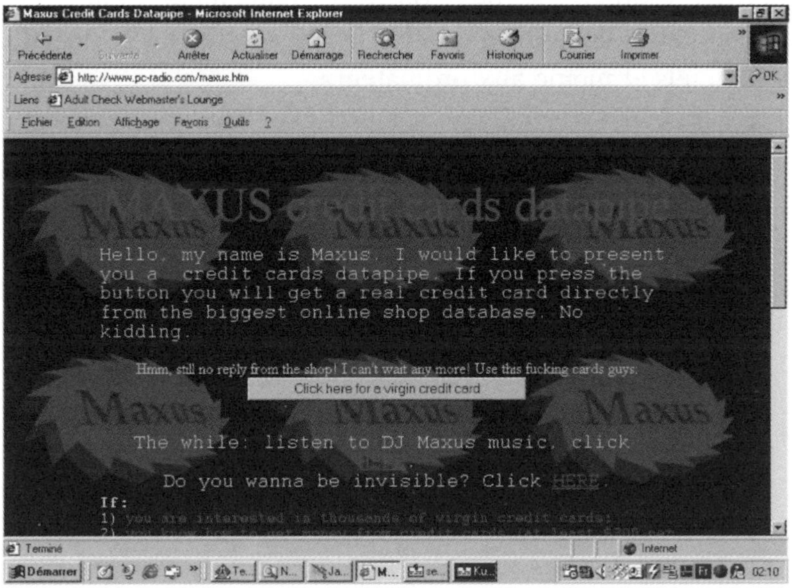

Le site de Maxus : www.pc-radio.com/maxus.htm

Remarquons que les hackers – comme d'ailleurs les grands joueurs d'échecs – sont le plus souvent originaires des États-Unis, naturellement, mais tout autant de Russie.

Pour réagir contre le cyberchantage, une banque allemande, la Noris Verbraucherbank, a même été jusqu'à promettre 10 000 marks (5 128 euros) pour tout renseignement qui permettrait l'arrestation d'un pirate informatique qui lui réclamait 1 000 000 de marks (512 821 euros) pour ne pas divulguer les codes bancaires de ses clients. Pour accréditer son pouvoir de nuisance, le mystérieux maître-chanteur s'était déjà largement servi dans les comptes de la banque en délestant celle-ci de 500 000 marks (256 410 euros).

Le cyberchantage et le cyberhold-up sont, sans conteste, les formes les plus médiatiques, et donc les plus médiatisées, du hacking. En altérant l'esprit du hack, elles donnent au grand public une vision fausse de ce qu'est véritablement la culture hacker et ses revendications d'un libre accès, gratuit, à l'information, aux logiciels et même aux ordinateurs.

Chapitre 7

Organisation d'un groupe et sources d'information

• L'exemple d'un groupe mythique : Cult of the Dead Cow

Une vache clouée sur un crucifix, dont le sang coule à flot sur une Cadillac décapotable garée en contrebas : l'emblème du cDc (Cult of the Dead Cow, www.cultdeadcow.com) commence à être connu sur Internet. Ce groupe de hackers, originaire du Texas, fonctionne sans interruption depuis 1984. Parmi la vingtaine de membres qui le composent, on trouve des informaticiens « purs et durs », des militants des droits civiques, des artistes qui travaillent sur la fusion entre l'art et la technologie... En un peu plus de quinze ans, ils n'ont pas cessé de faire parler d'eux, soit en inventant des logiciels pirates imparables (dont le célèbre Back Orifice dont nous reparlerons à propos du *sniffing*), soit en organisant des concerts de rock mémorables. Mais leur plus grande fierté est d'avoir inventé le mot *hacktivism*, qui réunit les concepts de piratage informatique et de militantisme politique. Pour eux, le hacking n'est pas un but en soi, mais le moyen le plus efficace de défendre une totale liberté d'expression sur Internet.

Grand Master Rate, le fondateur du groupe, explique ainsi la mission du cDc : « Nous avons une mission, mettre notre savoir-faire au service d'un idéal, même si, parfois, nous sommes un peu brutaux. Nous nous battons pour l'accès universel au Net, sans aucune censure et, pour cela, nous agissons discrètement mais concrètement. Nous brisons les verrous, nous éliminons les

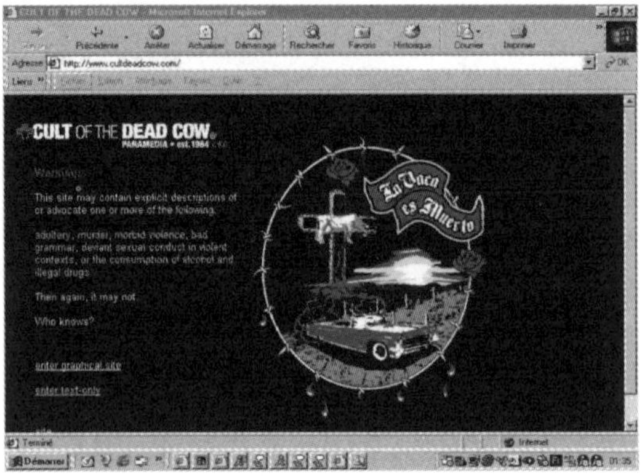

http:/www.cultdeadcow.com

obstacles. Il y a de la place pour tout le monde sur le Net, sans exception. [...] Dès que nous trouvons une faille dans un système, nous nous y engouffrons puis nous prévenons l'administrateur et nous lui proposons notre aide. Bien sûr, la plupart du temps, il refuse. Il ne veut pas savoir que son produit est défectueux, car les réparations sont longues et coûteuses et cela crée une gêne pour ses clients. Alors nous diffusons sur Internet tout ce que nous savons sur les problèmes dont souffre son système. Aussitôt, tout le monde est au courant. Il est donc bien obligé de fabriquer des parades et de les mettre en libre circulation.[1] » Parmi les projets du cDc : la construction d'un système qui doit permettre aux internautes vivant sous des régimes politiques totalitaires de naviguer librement sur des sites hébergés à l'étranger en contournant, notamment, les barrières mises en place par leur gouvernement[2].

• Organigramme et composition d'une équipe de hackers

Milieu très fermé, fortement hiérarchisé, les groupes de pirates sont tous organisés de manière identique. Tout d'abord, il y a un *leader*. Véritable patron, c'est un homme d'affaires. Il contrôle tout ; rien ne peut se faire sans son accord. Le

1. Y. Eudes, « Au bonheur des pirates », *Le Monde*, jeudi 26 octobre 2000.
2. Y. Eudes, www.cultdeadcow.com, *Le Monde*, jeudi 11 janvier 2001.

deuxième homme clé, c'est le *cracker* (cf. ci-dessous, L'« idéologie » des *crackers*). C'est lui qui permet, par exemple, la copie d'un logiciel, c'est lui qui « casse du code » de protection et rend vulnérable les systèmes de protection. Le *cracker* est, avant tout, un technicien doué de talents de programmation, expert des machines sur lesquelles il intervient. Le troisième homme, c'est le *supplyer*. Il a pour fonction de fournir les logiciels originaux. Il travaille souvent directement dans des sociétés de création de logiciels ou, encore, pour des magazines spécialisés. En 1994, le magazine *Amiga Concept* a ainsi vu l'un de ses pigistes condamné pour avoir fourni un jeu à un groupe de pirates français contre une somme d'environ 1 525 euros.

Appartiennent également à cette équipe, le *trader* – son rôle est de fournir les logiciels crackés par le biais d'un BBS (*Bulletin Board System*, ou encore *board* : un site sur un sujet particulier) et le *sysop*, dont la fonction est de gérer le BBS et la qualité des *news*. Les BBS font office de maison mère pour les groupes, c'est là qu'on y dépose et y retire les nouveautés. Il faut compter, en général, un « mega » pour en retirer trois. Les BBS peuvent être contactés par un simple numéro de téléphone qui établit la connexion à la machine hébergeant ce *board*. Depuis l'explosion d'Internet, on trouve des sites dédiés uniquement aux copies de logiciels (dans cette configuration, le *trader* occupe la même fonction, excepté qu'il n'effectue plus cette gestion de son domicile).

• Les règles fondatrices des groupes

Les communautés qui se créent et maintiennent la réalité sociale des hackers – réalité sociale qui peut être évaluée à l'aune de l'importance croissante des réseaux informatiques et donc, en corollaire, de la place toute aussi importante qu'y prennent les hackers – ont comme points communs la technologie, le secret, l'anonymat, la fluidité de l'adhésion, la dominance masculine et les motivations communes aux hackers[1].

1. La technologie. La communauté des hackers se définit en grande partie à travers sa consommation massive de technologies informatiques et de télécommunications. Les membres partagent une même « appréciation » ou une même « attitude » face aux technologies en prônant que toute technologie peut être détournée de sa fonction première pour prendre une nouvelle fonction, inattendue à l'origine. Cette attitude n'est d'ailleurs pas réservée aux technologies informatiques, mais s'applique à l'ensemble des technologies. C'est l'une des idées clés sur lesquelles est construit l'imaginaire collectif des hackers.
2. Le secret. Les hackers entretiennent une relation ambivalente avec le secret. En réalité, une tension entre le besoin de secret et le besoin de publicité. Si la pratique du piratage demande une part de secret, le besoin de partager des informations et d'obtenir la reconnaissance sociale de ses pairs requiert de la publicité et même des « récompenses ». Par exemple, si le piratage d'un site Web se fait dans le plus grand secret pour ne pas être pris en flagrant délit, une fois l'acte commis, celui-ci est aussitôt rendu public et marque ainsi la réussite.
3. L'anonymat. Autre pilier et fondement de l'imaginaire collectif des hackers, l'anonymat se distingue du secret en tant qu'il fait référence à l'identité hors-ligne du hacker – le secret faisant, lui, référence à l'acte de piratage. Un aspect important de l'anonymat des hackers est l'utilisation de

1. Source : D. Labrosse, http ://www.er.uqam.ca, « Hackers, la cyberculture à ses extrêmes. »

pseudonymes pour s'identifier et identifier leur communauté. Ces pseudonymes peuvent être utilisés pour signer un acte de piratage ou pour se présenter lors de rencontres en-ligne à d'autres hackers tout en maintenant le secret de leur véritable identité (*offline identity*).

4. La fluidité de l'adhésion. Comme groupe social, parce que la communauté des hackers est un réseau informel plutôt qu'une organisation formelle, et parce que les frontières de cette communauté sont perméables, la rapidité et la fluidité d'adhésion des individus à cette communauté est l'une de ses caractéristiques. Une raison de cette fluidité est l'illégalité de la pratique des hackers, ce qui leur interdit des rassemblements trop visibles. Une autre raison est la rapidité avec laquelle les technologies de l'information évoluent, ce qui entraîne l'arrivée fréquente de nouveaux « spécialistes » et, souvent, une immersion totale dans le domaine qui peut faire « empêchement » à toute relation sociale en dehors de la communauté du hack.
5. La dominance masculine. La culture des hackers se définit aussi par sa dominance masculine. Il existe très peu de femmes dans l'histoire des hackers. C'est un milieu fortement misogyne qui favorise la compétitivité et la recherche de la valorisation par la reconnaissance. Plusieurs raisons à cela : une culture qui encourage des rapports de proximité avec les technologies chez les garçons, et les décourage chez les filles ; une éducation informatique qui se fait dans un environnement masculin et qui présente peu d'« esthétisme » ; un langage informatique dont certains ont démontré qu'il serait plutôt masculin.
6. Les motivations communes. Celles-ci sont au nombre de six : la dépendance avouée aux ordinateurs ou aux réseaux informatiques qui pousse au piratage informatique ; la curiosité de savoir, et même une véritable quête de nouveaux savoirs qui se trouve à l'échelle de l'ensemble des

réseaux informatiques existants ; l'« ennui » de l'existence hors-ligne en comparaison de la recherche d'activité de piratage en-ligne ; l'habileté à acquérir du pouvoir sur des systèmes informatiques et des organisations tels que la CIA, le FBI, Microsoft... ; la recherche de reconnaissance de la part de ses pairs – reconnaissance synonyme d'intégration (par cooptation en quelque sorte) au sein de la communauté des hackers ou de l'élévation dans la hiérarchie des hackers ; enfin, la volonté d'aider, par leurs conseils, les administrateurs de réseaux informatiques quant à la sécurité de leurs systèmes et, ainsi, en remédiant aux failles, d'empêcher toute autre intrusion indésirable.

• Les principales sources d'information des groupes[1]

Pour toute personne étrangère au monde informatique, les attaques de hackers semblent très complexes et paraissent nécessiter une connaissance très approfondie des systèmes piratés. C'est là une idée reçue. En effet, la plupart des attaques sont perpétrées grâce à des techniques qui peuvent être apparentées à un grossier passage en force. Par exemple, pour trouver un mot de passe, toutes les combinaisons alphanumériques possibles seront testées l'une après l'autre jusqu'à ce que la bonne apparaisse. Qui plus est, du fait même du peu d'originalité des mots de passe, il n'est pas nécessaire de développer des techniques plus avancées. En effet, pour « protéger » des fichiers ou des documents – ou, plus simplement, la mise en marche de son PC – les mots de passe les plus utilisés de ce côté-ci de l'Atlantique comme aux États-Unis d'ailleurs, sont *Amour*, *Sexe*, *Argent*, *Dieu* et *Secret* (pour être complet, il faudrait ajouter à ces mots de passe les pré-

1. Sources : www.ifrance.com

noms ou les diminutifs de l'homme ou de la femme aimé, le prénom des enfants et, souvent même, le nom du… chien.) Ces mots de passe signent ainsi, au cœur d'une technologie ressentie comme froide et même déshumanisée, les préoccupations des hommes et des femmes qui, chaque jour, passent de longues heures penchés sur leur ordinateur[1].

Les différentes méthodes que peuvent utiliser les hackers dans la recherche des informations qui vont leur permettre d'agir sont en revanche plus intéressantes à étudier, peut-être parce que plus techniques. Trois grandes sources peuvent être repérées : les sources officieuses, les sources légitimes ou légales et, enfin, la cible elle-même comme source d'information.

Les sources officieuses (et donc, non légales) d'informations

De nombreux sites existent sur Internet qui permettent aux hackers d'échanger des informations. Dans ces points de rencontre, des informations liées aux systèmes vulnérables ou déjà attaqués sont échangées ainsi que les recettes pour pirater ces systèmes. La plupart de ces informations sont stockées dans des bases de données à la disposition des futurs hackers.

Les forums de discussion dédiés aux hackers (Usenet, IRC) constituent tout autant un moyen, pour les hackers, de partager leurs informations ainsi que les outils nécessaires pour mener à bien certaines attaques. Alors que la majorité des contributeurs à ces forums de discussion ne le font que pour approfondir et propager leurs savoirs, seul un petit nombre va exploiter ces données à des fins illégales. Cette forme d'illégalité peut être expliquée dans la mesure où la communauté des hackers rejette toute res-

1. Y. Chatelain, T. Grange et L. Roche, *Travailler en groupe avec les Nouvelles Technologies de l'Information et de la Communication*, Paris, L'Harmattan, 1999, p. 114.

ponsabilité pour les attaques qui pourraient résulter de l'exploitation des informations. En effet, si les hackers sont parfaitement conscients des dangers du partage de telles informations, ils en rendent responsables les victimes. Tout autant, les hackers peuvent ambitionner de dénoncer le mauvais traitement des employés de la part des entreprises ou, encore, le niveau élevé des prix pratiqués par ces mêmes entreprises. Ainsi, en portant à la connaissance du grand public ce qu'ils estiment, eux, être un dysfonctionnement majeur de la société, ils contribuent à ce que Sorbier a appelé la « ligne de conduite militante » des hackers[1].

Les sources officielles (et donc, légales) d'informations

Il existe des sources, légales celles-ci, sur la vulnérabilité des systèmes informatiques. Par exemple, le CERT (Computer Emergency Response Team) et le Software Engineering Institute de l'Université de Carnegie Mellon fournissent des données – légales – en même temps que les patches et les programmes utiles à l'amélioration de la sécurité des systèmes. Seul « détournement », les hackers exploitent souvent « au mieux » ces informations qui peuvent se révéler de véritables mines d'or.

De nombreuses autres sources d'informations existent ; qu'il s'agisse des publications écrites comme des journaux qui mettent en valeur les faiblesses de certains systèmes ou qui vantent les mérites d'autres. Là encore, les plus petits détails peuvent être à l'origine de véritables « trouvailles » – futurs éléments déterminant dans la mise en œuvre d'un acte de piratage. Certains articles indiquant même quels types de serveurs et d'ordinateurs, quels protocoles de communication sont utilisés... Ces informations, qualifiées plus généralement d'OSI (Open Source Information – cf. ci-dessus, *L'« Open*

1. Sorbier, L. : « NTIC », conférence, Paris, IEP, 2001.

Source », la communauté la plus représentative du hack), sont donc d'un intérêt majeur pour les hackers.

La cible visée en tant que source d'informations

Lorsqu'un pirate fait face à une difficulté qu'il ne peut surmonter, il peut tenter de rentrer en contact avec sa cible pour récupérer de l'information. Les entreprises fournissent aisément leur rapport annuel qui donne souvent de bonnes indications sur l'organigramme, la répartition des responsabilités au sein de l'équipe dirigeante ainsi que la stratégie en ce qui concerne les technologies de l'information. Des milliers de documents sensibles existent, ainsi, qui circulent au sein de l'entreprise et, sauf à ce que ceux-ci soient « tracés », contrôlés et détruits correctement grâce à une surveillance de tous les instants, bon nombre de documents classés pourtant « confidentiel », voire même « secret », sont accessibles à qui sait les chercher.

Autre forme d'accès à l'information, le hacker peut avoir recours au *Social Engineering*. Par exemple, le pirate peut appeler un des employés et, sous un prétexte ou un autre, par exemple se faire passer pour un technicien du service de maintenance informatique, lui soustraire tel ou tel mot de passe, réduisant à néant tous les efforts de sécurité.

Les techniques du *Social Engineering* ont des limites fort mal établies, et certains pirates n'hésitent pas à venir fouiller les poubelles des entreprises qu'ils ont pris pour cible. C'est d'ailleurs comme cela qu'a pu être perpétré le piratage de l'opérateur téléphonique de New York.

Dans cette même catégorie toujours, un autre moyen efficace pour obtenir des informations vitales est de se faire embaucher en tant que personne non qualifiée (concierge, veilleur de nuit, agent de sécurité) dans l'organisation cible. Là encore, le retour sur investissement peut être exceptionnel.

Autres formes, plus « excessives » celles-ci, l'intrusion physique dans l'entreprise ou/et soudoyer des employés de filiales – le plus souvent à l'étranger – dont la loyauté vis-à-vis de la maison mère peut être singulièrement mise en défaut.

Une fois dans la place, le pirate peut, par exemple, installer un *sniffer*, c'est-à-dire un programme conçu initialement pour surveiller et analyser le trafic et les flux d'information sur le Réseau. Le *sniffer* permet d'intercepter les paquets d'information et, couplé à un routeur, de lire les données qu'ils contiennent, d'en déterminer la source et la destination. Des moyens redoutables sont donc en place qui vont permettre aux pirates de déjouer la plupart des sécurités informatiques, y compris dans les entreprises spécialisées en sécurité informatique.

Partie 3

Les différentes formes de hack

Chapitre 8

Puristes et destructeurs

• Ce que veulent les pirates...

Innovantes, parce qu'elles prennent appui sur les Nouvelles Technologies de l'Information et de la Communication (NTIC), les plus récentes formes de « criminalité », nourries sur le terreau du Net, donnent une nouvelle jeunesse aux modes criminels préexistants. Ainsi, les escroqueries par cartes bancaires (cf. ci-après, le *skimming, la Yescard, le logiciel geZeroLee BoX*) ne sont que les adaptations de pratiques traditionnelles aux « exigences » des nouvelles technologies.

Pour la loi, le piratage consiste à détériorer, effacer, modifier un système informatique public ou privé. C'est aussi le fait de copier ou de permettre la copie d'un logiciel, de le diffuser ou de le vendre. Pour la justice, le piratage est un crime passible de peines de prison. Le but du pirate? Se dépasser. Il veut contraindre la machine à suivre ses ordres et trouver la combinaison entre les impératifs technologiques, d'une part, et les impératifs politiques, d'autre part. Il refuse la mainmise des grandes sociétés de logiciels ainsi que toute censure. « Casser » une protection est, pour lui, une arme de contestation, une manière de s'affirmer, une possibilité de se dépasser. C'est aussi, et surtout, le moyen de gagner beaucoup d'argent.

• L'exploit et la beauté du geste

Guidés par « l'exploit » et la « beauté du geste », davantage que par les motivations politiques des années 70, les hackers « puristes » prennent pour cible les systèmes informatiques réputés les plus « fermés » et cherchent à s'y introduire. Trouver les mots de passe, déjouer les sécurités des ordinateurs, y entrer... sans se faire prendre : voilà leur ordinaire ! Puristes, ils se conforment à une éthique et respectent certaines règles. Ils mettent un point d'honneur à opérer de chez eux. De même, ils n'effacent jamais les fichiers qui sont sur le serveur piraté, et évitent, parce que trop « faciles », les sites de particuliers ainsi que, pour ne pas leur nuire, les sites gouvernementaux.

Cracker adolescent, Big Jim, ressortissant luxembourgeois, a longtemps « joué » à enlever les protections des logiciels du commerce (cf. également *L'idéologie des hackers,* chapitre 4). Une fois ses études en informatique achevées, il a commencé à hacker des serveurs. Big Jim a un profil très stéréotypé de hacker : un étudiant qui a le temps et la persévérance de rester « collé » à son écran d'ordinateur durant des heures. Il bénéficie d'une certaine autonomie financière dans la mesure où il habite encore chez ses parents et peut passer son temps à traîner sur les réseaux. Comme la majorité des hackers, même si toute tentative d'intrusion est assimilée à une tentative de hacking, il ne cherche pas à nuire à qui que ce soit, encore moins à causer des dommages aux systèmes pénétrés ni même à en tirer profit[1].

Comme Big Jim, beaucoup de hackers ne détruisent ni ne volent rien – du moins est-ce ce qu'ils affirment – mais recherchent avec

1. L. Sorbier, *Op. cit.,* fait remarquer que cela n'exonère en rien les hackers d'éventuelles poursuites judiciaires. En effet, il demeure illégal de pénétrer dans un système informatique. En outre, le hacker peut causer involontairement des dommages du fait de son inexpérience.

fébrilité toute faille de sécurité. Seule motivation, au moins avouée, aider les administrateurs à trouver des parades. Seul plaisir, les meetings de hackers.

Interview 4 : Big Jim

Comment peut-on définir un meeting ?
C'est simple, il faut une salle des fêtes, une salle de sport ou même un camping. Ensuite, il faut y placer des ordinateurs, puis y mettre des passionnés et « faire tourner » (abattre des lignes de programme pour trouver la faille) le tout, 24 heures sur 24 durant parfois 5 jours sans jamais s'arrêter.

Cela existe depuis combien de temps ?
Depuis qu'il existe des passionnés ! Le plus connu reste le DefCon de Las Vegas, véritable supermarché à l'américaine. Il y a aussi le HIP aux Pays-Bas. En France, les meetings restent assez confidentiels. Les rassemblements du type « 2600 » ne veulent plus dire grand-chose. Le rassemblement qui avait lieu à Paris ne veut plus rien dire du tout. On n'y rencontre plus que de faux « passionnés » qui aiment surtout parler d'eux et qui s'inventent des histoires à dormir debout.

Cela veut dire quoi être un hacker ?
Avant tout, lutter pour une libre communication. C'est vouloir rester dans un monde qui nous plaît ; pouvoir acheter du pain sans être tracé ou fiché[1]. L'idée d'un espace ouvert et communautaire

1. Les hackers se plaignent que la majorité des gens peu familiers des réseaux informatiques méconnaissent totalement la nature des rapports sociaux en ligne. C'est pourquoi, pour Jordan et Taylor (« A sociology of hackers », *Sociological Review*, nov. 46(4), 1998, pp. 757-780), les hackers sont souvent dépeints de façon criminelle, voire démoniaque. Cette peur instinctive doit être mise de côté si l'on veut comprendre la vraie nature des communautés de hackers.

comme le définit le CCC (Chaos Computer Club) allemand est la doctrine à laquelle je crois.

Ce n'est pas un peu utopiste ?
Non ! Parce qu'une minorité de personnes a décidé qu'il fallait se faire de l'argent sur le dos de beaucoup d'autres, la liberté, aujourd'hui, a presque entièrement disparue du Net. Beaucoup de choses ont évolué et mal évolué depuis 1993, c'est-à-dire depuis la date du dernier meeting organisé par Hack-Tic. Le respect de la vie privée sur Internet n'est plus respecté. Dans ces conditions, il est normal que le droit à la cryptographie reste un des maîtres mots des hackers avec, comme principaux moyens de révolte : l'action et l'humour.

Derrière ces idées, comment gérez-vous les débordements ?
On ne peut pas faire grand-chose. Les organisateurs tentent bien de refouler les plus mauvais ou les plus durs d'entre nous. Au HIP, par exemple, seuls les plus solides sont acceptés. Je pense aussi qu'il faut établir des limites claires. Par exemple, je considère que l'on ne peut pas tout dire, ni tout montrer sur le Web. Je suis, par exemple, tout à fait contre la diffusion de failles sur le Réseau [...] les informations trop vite utilisées par les *script-kiddies* (les pirates qui modifient les pages d'accueil des sites internet, sur lesquels nous revenons ci-après).

• Le *deface* niveau 1 ou la modification par « jeu » des pages d'un site

Dans leur grenier percé d'une petite lucarne qui donne sur les toits de Paris, ils sont deux à taper sans répit sur les claviers de leurs portables. Ils viennent de pirater le site Internet d'un grand groupe bancaire dont ils effacent ou transforment plusieurs pages. Jamais ils n'auraient pensé aussi facile de pénétrer le système de sécurité. Ils ne possédaient qu'un seul indice : l'e-mail interne de la banque, déchiffré presque « par hasard » sur un bout de papier punaisé parmi tant d'autres sur la cloison du bureau de leur conseiller financier alors qu'ils lui comptaient leurs déboires. En piratant l'ordinateur de cette banque qui leur a refusé un prêt, ils tiennent leur revanche.

Beaucoup d'entre nous – professionnels ou particuliers – avons déjà été confrontés à ce type de piratage qui consiste à modifier une page d'un site – le plus souvent, d'ailleurs, la page d'accueil : index.html. C'est ce que l'on appelle un *deface*. Les pirates à l'origine de ces intrusions – à cent lieux des puristes qui, on l'a dit, sont guidés pour l'essentiel par l'exploit et la beauté du geste – ont pour nom *script-kiddies*. Même s'il est clair qu'ils usurpent l'appellation de hacker tant leurs méthodes semblent éloignées de « l'esprit du hack », leur nombre croissant nous oblige à détailler leurs techniques et habitudes.

Deface de la page d'accueil de l'Institut des Hautes Études de Défense Nationale par McM4nus

Pour la plupart des *script-kiddies*, faire un *deface*, c'est surtout « faire un coup ». Ainsi, lorsque McM4nus « s'offre » la page d'accueil de l'Institut des Hautes Études de la Défense Nationale, nous sommes plus proches du pied de nez que des motivations politiques, pédagogiques ou idéologiques (cf. cidessus, *Catégories et motivations des hackers,* p. 67).

• Le *deface* niveau 2 ou la modification « organisée » des pages d'un site

Au *deface* traditionnel s'ajoute désormais le « redeface », appelé également multi-hack ou mass-hack[1] : dans la mesure où la plupart des serveurs hébergent plusieurs sites, lorsque le pirate est entré, il peut attaquer plusieurs cibles successivement. En outre, une fois la vulnérabilité d'un serveur connue, de nouveaux *script-kiddies* s'empressent d'enfoncer le « clou » et investissent les lieux.

Pour simple qu'il soit, ce type d'actions de piratage illustre bien l'apparent paradoxe du hacker : agir masqué, ne pas laisser de traces mais, le forfait accompli ou en cours de réalisation, signer son action.

Dans la mesure où le serveur (la machine qui héberge des sites Web) continue de fonctionner et d'être accessible aux internautes, le *deface* ne révèle pas seulement les carences de protection dont souffre le système informatique de l'entreprise ou de l'organisation, il jette également le discrédit sur les informations, voire sur le concept même du site attaqué.

---

1. Le multi-hack ou mass-hack correspond à des hacks de sites en cascade. Pour illustration, il peut s'agir du changement (*deface*) de la page d'accueil de plusieurs sites à la suite.

Lorsque l'on rapporte le nombre d'intrusions et tentatives d'intrusions quotidiennes sur les serveurs au temps consacré par les informaticiens à leur protection – jusqu'à deux fois le temps passé au développement des sites – on peut s'étonner du petit nombre de *deface* qui font l'objet de plaintes et de poursuites. Davantage même, plus les tentatives de *deface* sont fréquentes, plus les administrateurs masquent leur infortune. À cela, plusieurs raisons :

1. Pour un administrateur, faire état d'une intrusion, c'est reconnaître une forme d'incompétence.
2. En faisant le « dos rond », l'administrateur peut espérer que les *defacers*, une fois leur forfait réalisé, iront s'en prendre à d'autres victimes. C'est un peu comme avec une guêpe : si l'on n'est pas sûr de pouvoir l'écraser du premier coup, mieux vaut parfois savoir ne pas bouger. De la même façon, en cas d'attaque sur le serveur, il vaut parfois mieux savoir se montrer « prudent » pour ne pas risquer la colère de groupes comme PoizonBox qui revendiquent haut et fort leur statut de *crashers*, c'est-à-dire de « destructeurs ».
3. Pour un administrateur, ne pas révéler une intrusion, c'est espérer passer cette mésaventure aux « oubliettes » de la presse.

À ce propos, une enquête effectuée récemment aux États-Unis indiquait que 37 % des organisations déclareraient des intrusions si cela était requis par la loi; 22 % les déclareraient si « tout le monde le faisait »; 30 % les déclareraient si cela pouvait se faire de façon anonyme; enfin, 7 % seulement déclareraient toujours les intrusions informatiques.

Les membres du groupe BHZ – the Belgian Hackers Zone – font partie des hackers les plus actifs sur la *scène* européenne. Ils sont tout particulièrement connus pour leurs *deface* de plusieurs centaines de sites à travers le monde. Comme les tagueurs, ils n'hésitent pas à signer leurs « œuvres ». Parmi eux, Asmodeus.

Interview 5 : Asmodeus[1]

Comment est né votre groupe ?
BHZ a été fondé en 1999 par Flat, Eric et moi-même. Si plus de douze membres ont composé ce groupe, aujourd'hui, pour des raisons de compétences mais aussi de sécurité, nous ne sommes plus que cinq.

Vous êtes très actifs dans ce qu'on appelle le *deface* de site...
Je sais que les motivations de chaque *defacer* sont différentes... Pour nous, cela représente un moyen fort d'expression pour faire connaître la *scène* belge, bien sûr, mais surtout pour mettre un peu d'anarchie sur le Web... même si nous ne supprimons jamais aucun fichier.

Dans vos messages, vous dites au webmaster que vous souhaitez l'aider, vous avez déjà été contactés ?
Nous sommes contactés au moins une fois sur deux. Les webmasters qui prennent contact ne portent jamais plainte. Nous leur expliquons quelle faille a été utilisée et comment ils peuvent la corriger pour éviter d'autres attaques. Le plus souvent, ils suivent nos recommandations.

Quelles sont les failles que vous rencontrez ?
Cela dépend... En Belgique, par exemple, la plupart des sites tournent sous Windows NT, les failles les plus répandues sont donc IIS [Internet Information System] Unicode, cmd.exe, showcode.asp, etc. Pour ce qui est des autres pays, cela dépend.

1. Voir : http://www.zataz.com/zataz/news.php?id=404&file=02.html pour une information récente sur Asmodeus et son groupe.

Pourquoi ne pas proposer vos services à des organismes en charge de la sécurité sur le Net ?
D'abord, nous ne faisons pas cela uniquement pour aider le « monde entier ». Nous le faisons aussi pour le « fun », le « challenge »... ; c'est une forme de jeu vidéo, mais... réel... grandeur nature. Et puis, nous n'avons pas envie de nous mettre des contraintes sur le dos.

Que pensez vous de la sécurité informatique en Belgique ?
Exceptés les sites de spécialistes en sécurité informatique, elle est presque inexistante. Les sites gouvernementaux sont, par exemple, très facilement vulnérables. Les failles qu'ils présentent sont extrêmement répandues.

Et pour le reste du monde ?
Cela dépend beaucoup des pays. Pour tous les pays – sauf, peut-être, certains sites américains – la plupart de leurs sites sont vulnérables.

Vous a-t-on déjà passé des « commandes » pour pirater des sites ?
Non, mais on nous a déjà posé cette question au sujet du hack d'un site américain. On nous a demandé si ce n'était pas l'administrateur qui nous avait payé pour pirater le site car c'était lui qui avait référencé le piratage et, par la suite, les visites de son site avaient augmenté de plus de 30 % !

Avez-vous déjà découvert des éléments « amusants » dans les sites hackés ?
Souvent, mais ce n'est pas un scoop, quand le serveur est aussi la machine personnelle de l'administrateur, il n'est pas rare de trouver beaucoup d'adresses de sites X dans les cookies[1] et les favoris.

1. Le cookie (du néerlandais *koekje*) est un « mouchard ». Plus précisément, un fichier qui s'installe à l'insu de l'utilisateur sur son disque dur.

Chapitre 9

Les grands « classiques » du piratage

• Des techniques à la portée de tous...

Le débordement du buffer

Dans un premier temps, ce type d'attaques, très efficace sur les plates-formes Windows NT, consiste, pour le pirate – une fois le serveur cible repéré – à identifier un logiciel qui y est stocké. Dans un deuxième temps, le pirate localise l'espace de mémoire tampon (*buffer*) alloué au logiciel. Enfin, dans un troisième temps, il bombarde cet espace par un envoi de données supérieures à sa capacité. Si le logiciel attaqué continue d'écrire ces données sur les variables de sa pile, au terme de l'attaque, par le biais du langage machine et une maîtrise parfaite du langage de programmation « C », le pirate peut prendre le contrôle du serveur. Remarquons que pour palier au défaut de sécurité du système d'exploitation NT 4.0 et Windows 2000, Microsoft aurait lancé un programme de correction suite à la découverte de celui-ci par Eye Digital Security – une entreprise indépendante spécialisée dans la sécurité informatique.

Le spoofing IP

Le spoofing IP consiste à « usurper » une adresse IP (cf. ci-dessus, *L'histoire toujours recommencée des gendarmes et des voleurs*). Pour communiquer en réseau, les ordinateurs utilisent leur adresse IP respective. Il est donc possible, à partir d'IP connues, du login (le nom de l'utilisateur) et d'un mot de passe, de se connecter sur un autre ordinateur et, ainsi, d'échanger et de partager des ressources. Les « véritables pirates » possèdent donc une maîtrise bien réelle des systèmes informatiques, ce qui leur permet d'avancer masqués et, ainsi, sous leur « nouvelle identité IP », de commettre des méfaits et des dégradations de grande envergure.

• Exercice « pratique » : la modification d'une adresse IP

Pour illustrer ce mode de fonctionnement des hackers, nous proposons, ci-dessous, certaines opérations destinées à modifier une adresse IP. Bien entendu, ces opérations ne sont plus valides aujourd'hui. Tout d'abord, le hacker avait besoin d'un client IRC (*Internet Relay Chat*), par exemple Mirc 32 et d'un logiciel du type Win Gate Scan (dont le nom est déjà tout un programme). Les opérations qu'il devait alors mettre en œuvre étaient les suivantes[1] :

1. Ouvrir une première fois son client IRC.
2. Aller sur un serveur, et sur un channel bien connu (*#France #Québec #Paris*...) sur lequel tous les débutants parlent.
3. Prendre une personne au « hasard », et faire un *Whois* (c'est-à-dire une recherche par « traçage ») pour trouver son adresse IP.
4. Copier cette adresse IP.

1. Y. Chatelain et L. Roche, *Internet, comment augmenter le trafic sur son site et gagner de l'argent*, Paris, Maxima Laurent du Mesnil, 2000, pp. 136-137.

5. Ouvrir Win Gate Scan et mettre cette adresse IP dans la ligne « hostname or IP ».
6. Cliquer sur « scan ».
7. Attendre la fin du processus. À l'époque, cette opération était souvent assez longue, aujourd'hui elle est tout simplement impossible.
8. Aller au bas de la fenêtre de Win Gate Scan, sur la ligne : « servers founds ». S'il y avait écrit « no win gate found yet », cela signifiait que la personne en question n'utilisait pas de *firewall*. Autrement exprimé, c'était un échec ! Le hacker devait donc recommencer l'ensemble des opérations avec, naturellement, l'IP d'une autre personne. Le taux de réussite était d'environ une fois sur 5. Quand apparaissait une suite de chiffres qui pouvait ressembler à : « 196.235.23.56 » sur la ligne « servers found », alors « c'était gagné ! »… le logiciel avait trouvé un firewall !
9. Copier cette adresse IP.
10. Lancer une nouvelle fois le client IRC. Dans l'option firewall, entrer la liste de chiffres. (Pour Mirc, l'option firewall se situe dans « Mirc set up », onglet firewall).
11. Mettre l'adresse trouvée dans « hostname », et cliquer sur « use socks firewall ».
12. Se connecter normalement à un serveur IRC (l'opération demandait parfois à être répétée), l'adresse IP était alors modifiée.

Le *spoofing* consiste à spolier une machine au moment de sa connexion réseau, c'est-à-dire lorsque l'utilisateur cible saisit son mot de passe (identifiant). Dès lors, la machine piratée se trouve isolée sur le Réseau et se déconnecte. Le pirate, en se faisant « passer » pour la machine d'origine, peut ainsi leurrer les machines « amies » et puiser les données confidentielles recherchées chez l'hôte.

• Les formes modernes de piratage

Le fake-mail

Outil puissant de *reverse engineering* (qui s'apparente au Social Engineering que nous avons déjà évoqué), le *fake-mail*, est l'usurpation d'une adresse e-mail à des fins frauduleuses.

Le sniffing

Le *sniffing*, qui permet l'intrusion des cibles visées, consiste à intercepter les informations (mots de passe, numéros de cartes de crédit...) qui circulent sur un réseau interne. La technique la plus simple – d'ailleurs peu appréciée du « milieu » – consiste à utiliser un cheval de Troie (*Trojan horse*) sur un serveur cible, de type BO2K (*Back Orifice* – logiciel d'intrusion, qui comme nous l'avons vu, a été mis au point par le groupe Cult of the Dead Cow et qui permet de prendre le contrôle d'un PC sous Windows), ou SUBSeven... et, ainsi, d'agir à partir de la machine cible.

Le cheval de Troie (*Trojan horse*) – cf. ci-dessous, *Les familles de virus* – est un virus qui, s'il ne possède pas la faculté de se reproduire seul, dissimule sa véritable fonction pour se faire passer pour un autre programme, *a priori,* inoffensif. Il ressemble au vrai programme mais copie des informations saisies par l'utilisateur dans un fichier dissimulé avant de lui donner accès au système. Le cheval de Troie profite des programmes à forte diffusion pour se déplacer sans éveiller les soupçons. Utilisé fréquemment par les hackers, il permet de récupérer des informations sur la sécurité des réseaux et les mots de passe des utilisateurs[1]. Le

---

1. « Les mots infectés », *Le Monde Interactif*, mercredi 10 mars 1999.

symptôme d'une intrusion par un cheval de Troie est celui-ci : le disque dur de l'ordinateur travaille mais… sans raison apparente. Les risques alors sont majeurs. En effet, toute personne reliée à Internet et qui dispose du programme peut se connecter à cet ordinateur et le contrôler presque entièrement.

Utilisation des backdoors

S'attaquer aux *backdoors* d'un logiciel consiste à déceler les failles de sécurité inhérentes à tout programme dès lors que ceux-ci sont constitués de milliers de lignes de code. Les pirates se servent donc des faiblesses « structurelles » des programmes pour les pénétrer par effraction et effectuer des actes délictueux.

• Autres délits commis sur le Net

Parmi les autres délits commis sur Internet, plusieurs dizaines portent sur des affaires de pédophilie ou d'incitation à la haine raciale. La répression dans ce type d'affaires est difficile, la plupart des sites en cause étant hébergés à l'étranger. Toutefois, des résultàts probants ont été obtenus. Ainsi, exemples parmi de nombreux autres, les services répressifs, alertés à la suite d'une plainte déposée par le président d'une association de protection de mineurs, ont démantelé un important système d'échanges d'images à caractère pédophile, conduisant à l'interpellation de 55 personnes, dont 11 ont été mises en examen.

Récemment, un autre réseau d'échanges d'images pornographiques sur Internet a été démantelé. Son initiateur exploitait un forum international de discussion sur… la recherche et la diffusion d'images de mineurs à caractère pornographique. En l'espace de deux semaines de fonctionnement, avant l'intervention des forces de l'ordre, ce forum avait reçu 9 124 images et vidéos transmises par 166 personnes. Sur ce total, 70 vidéos et plus d'une centaine d'images mettaient en scène des mineurs âgés de 3 à 17 ans. L'organisateur du réseau gravait ensuite sur Cd-rom l'ensemble de ces images – il en gardait, d'ailleurs, une grande partie sur le disque dur de son ordinateur. L'échange des images ou vidéos se déroulait sur la base de la transmission de 2 images pour 1 reçue.

Chapitre 10

Détournements et hautes technologies (*cracking*)

• L'« idéologie » des crackers...

Le *cracking* concerne les contrefaçons : de logiciels, de Cd-rom, de consoles de jeu, de matériels de haute technologie... Dans le domaine du matériel, et pour ne citer qu'un exemple récent parmi des centaines d'autres, les douanes ont procédé à la saisie de 1 654 consoles de jeu vidéo contrefaites à Hongkong, alors même que la société « mère » n'avait pas encore autorisé la vente de ces produits sur le territoire de l'Union Européenne.

Dans le domaine des logiciels, rappelons l'arrestation, à Madrid, par la police espagnole, de l'auteur du site Internet *Le jambon et le vin* où, en réalité, étaient proposées toutes sortes de techniques pour pirater des logiciels commerciaux. « Les faux gastronomes », comme l'indiquait l'Agence France Presse, se connectaient sur le serveur afin d'acheter des outils informatiques qui permettaient de déjouer les protections de la plupart des logiciels vendus sur le marché.

Diplômé en informatique, le pirate à l'origine de ce site, âgé de trente-deux ans, signait sous le pseudonyme de FER 13. Il a été accusé de 454 délits de piratage, dont des intrusions dans des serveurs de la NASA. Quelques mois plus tôt, quatre collaborateurs de FER 13 s'étaient déjà retrouvés derrière les barreaux. Via Internet et un BBS (*Bulletin Board System*, l'ancêtre en quelque sorte du *newsgroup*), ils vendaient des techniques qui permettaient de falsifier des numéros de cartes de crédit ainsi que des numéros de cartes téléphoniques permettant un accès illimité au réseau.

Des filières à grande échelle font commerce de la piraterie des « œuvres » de toute sorte : logiciels, titres musicaux, systèmes d'exploitation. Par « simple » reproduction (du logiciel et de la licence), et par l'action conjuguée de *crackers* qui détruisent les protections logicielles mises en place par les éditeurs et les artistes, des sociétés, pourtant spécialisées dans ce type de trafic, ont même réussi à avoir « pignon sur rue » (et... sur *browser*).

Si, il y a quelques années, les pirates de logiciels cassaient du code pour le plaisir, aujourd'hui, l'argent « facile » a définitivement mis de côté l'aspect ludique. Et, parce que, qui dit argent facile, dit, dans le même temps, concurrence farouche, les groupes de pirates de logiciels se livrent désormais une véritable guérilla numérique pour être les premiers à déplomber un nouveau logiciel et à diffuser sa copie piratée. Qui plus est, réussir cette forme de challenge permet d'accroître la notoriété du groupe.

À ce jeu, tous les coups sont permis, comme en témoigne la technique du *fake release*. Un groupe charge un logiciel sur BBS en faisant croire qu'il s'agit d'une nouveauté (une *news* dans le jargon des hackers, c'est-à-dire un nouveau logiciel piraté). En fait, le plus souvent, ce faux *crack* n'est qu'une version de démonstration d'un ancien logiciel, accompagné d'un virus... La méthode est souvent très efficace pour saper la crédibilité du BBS. Autre illustration : il existe, en Angleterre, un grossiste en logiciels chez qui les groupes de pirates ont des comptes sous de faux noms. Il est arrivé que la concurrence « cracke » les pseudonymes de ces clients indélicats et les dénonce au grossiste, leur coupant ainsi les « vivres » en logiciels originaux.

Branche dissidente et, parfois, délinquante du hacking – tout comme le *phreaking* a généré ses propres « monstres » – les crackers, s'ils mettent en œuvre de réelles connaissances en programmation et en cryptographie peuvent être restés, pour leur versant le moins sombre, de « grands enfants ».

Les *crackers* vont rechercher, par exemple, à mettre au point des *patchs*, c'est-à-dire des petits programmes destinés à modifier les fichiers des logiciels et des jeux, par exemple pour obtenir un nombre infini de vies. De même, ils recherchent avec avidité les clés ou les codes pour « déplomber », « débrider » et utiliser un logiciel commercial ou en shareware sans rien payer à l'auteur.

Une véritable course poursuite s'est ainsi engagée avec les éditeurs de programmes. Mais, si ceux-ci ont bien essayé de prévenir ce problème, notamment par l'ajout de *dongles* – un boîtier connecté au port série et qui envoie au logiciel un certain nombre de codes indispensables au lancement du programme – cette protection, tout comme l'utilisation de numéros de série qui sera ensuite mise en place, a vite été forcée.

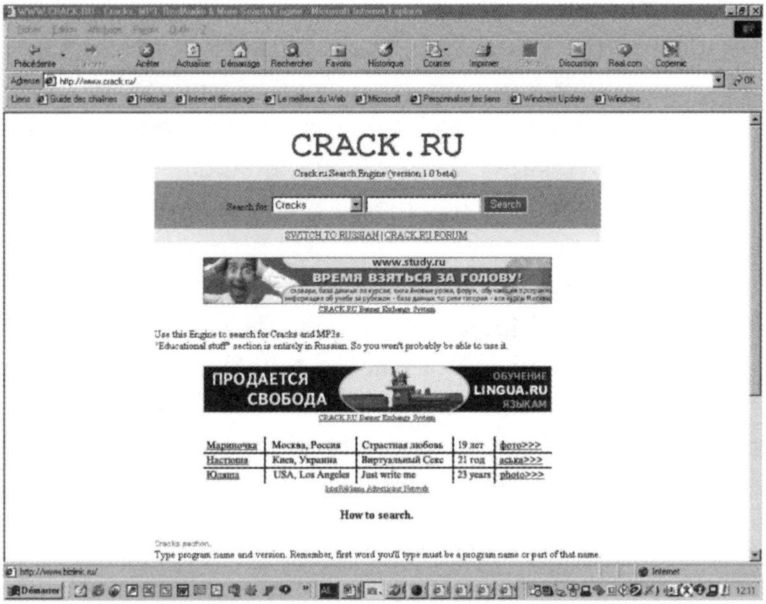

Un moteur spécialisé dans la recherche de crack http ://www.crack.ru

• Les *crackers*, véritables hackers criminels

Complot Magic

Complot Magic a vingt et un ans, c'est un *cracker*. Il vient de déplomber un logiciel en moins de dix minutes. Une routine ! Cela fait bientôt trois ans qu'il casse du code de protection. Aujourd'hui, c'est différent. Le programme informatique qu'il vient de modifier – il a enlevé la protection anti-copie – ne sera pas dans les rayons des magasins avant le mois prochain. Une fois de plus, Skidrow, son groupe, est le premier de la *scène* à fournir la copie d'une *news* – autrement appelée une *stuff* dans le langage du hack. Complot Magic a même eu le temps de réaliser un faux *crack*, un *fake*, au nom d'un groupe concurrent. À l'intérieur, quelques lignes seulement qui contiennent une bombe logique (cf. ci-dessous, *Les virus*) programmée pour formater le disque dur de l'utilisateur « malchanceux ».

Au même moment, à deux cents kilomètres du domicile du *cracker*, le Trader de Complot Magic vient de recevoir de nouvelles *calling-cards*. Des numéros de téléphone qui vont lui permettre de télécharger le *crack* gratuitement sur les BBS et cela, sans que personne, pas même la compagnie de téléphone, n'en sache rien.

Une heure après la mise en service de la copie sur le BBS du groupe de Complot Magic, une dizaine de *swappers* (autrement dit, des personnes qui ont des accès privilégiés à des zones de stockage appelées *swapspace*)[1] triés sur le volet venaient télécharger la *news* sous les yeux du Sysop du BBS (*i.e.* System Operator, autrement dit l'opérateur, généralement, propriétaire

1. Y. Chatelain and L. Roche (*Adapted by*), *Hacking Dictionnary, the jargon files*, Paris, L'Harmattan, 2001, p. 459.

du BBS). Douze heures plus tard, 3 000 copies tournaient en France, aux États-Unis et en Australie.

Comme nous l'avons vu, le terme « cracker » s'applique aux hackers criminels qui utilisent leurs compétences informatiques pour en tirer un bénéfice financier ou nuire à des gens ou à des organisations. Les *crackers* existent à différents niveaux. Cela va de la « petite frappe » au cyberterrorisme gouvernemental en passant par le crime organisé, qu'il s'agisse de la mafia, par exemple russe, ou des cartels de la drogue. Les *crackers* sont les soldats de la guerre de l'information et, comme la valeur des informations est toujours plus importante, leur nombre ne cesse de croître[1]. Parmi eux, Kum, professeur de Mathématiques (depuis plus de vingt ans) le jour et cracker (depuis maintenant plus de quinze ans) la nuit. Comme la plupart de ses « confrères », Kum a écumé « presque » tous les systèmes de « presque » toutes les machines. Au départ, pour le plaisir, aujourd'hui, pour l'argent.

Les *crackers* peuvent être aussi de redoutables délinquants. Si certains se « spécialisent » dans la destruction de fichiers des sites infiltrés, d'autres, qui font « le mal pour le mal », franchissent encore un pas supplémentaire avec le *carding* – autrement dit, et pour l'essentiel, la falsification des cartes de crédit.

• Le détournement des moyens de paiement électroniques (*carding*)

Le *carding* est le nom générique qui recouvre l'ensemble des délits relatifs aux escroqueries basées sur l'utilisation frauduleuse des nouvelles technologies (et ce, quelle que soit la méthode utilisée : *skimming*, *Yescards*... méthodes sur lesquelles nous revenons ci-dessous.) : qu'il s'agisse d'abus de confiance, de

1. L. Sorbier, *Op. cit.*

détournements de moyens de paiement électroniques... Au-delà, et pour être plus précis, le *carding* consiste, essentiellement, à générer, à l'aide d'un logiciel extrêmement facile à trouver sur Internet grâce à un *scan* de générateur, de *vrais-faux* numéros de cartes bancaires, ainsi que de *vraies-fausses* dates de validité.

Une affaire récente a, ainsi, provoqué un préjudice financier très important, consécutif à la commande de microprocesseurs de type Pentium III 600 pour un montant cumulé de 60 980 euros, au détriment d'une entreprise française de vente par correspondance sur Internet. Si les commandes ont été passées à l'aide des références de trois cartes bancaires différentes, les livraisons, elles, ont été effectuées à une seule et même adresse à Londres.

La « carte à puce »

Inventée en 1974 par Roland Moreno, la carte à puce – carte à mémoire qui utilise de microcircuits intégrés – est réputée inviolable. Néanmoins, et suite au « travail » de Serge Humpich qui, en 1997, a conçu des simulacres de cartes ne correspondant à aucun compte, un site Internet a mis en ligne, en février 2000, des clés mathématiques pour cloner la puce. Rappelons que Serge Humpich avait démontré qu'il était relativement facile de pénétrer en fraude dans le système de traitement automatisé du GIE Cartes bancaires, en « décompilant » un terminal de paiement et en inversant les algorithmes ; il avait, dans un second temps, cherché à négocier sa découverte et son « savoir-faire » auprès du gouvernement qui avait répondu par le dépôt d'une plainte avec constitution de partie civile. Serge Humpich a été condamné à dix mois de prison avec sursis, peine confirmée en Appel le 18 décembre 2000[1].

1. S. Humpich, *Le cerveau bleu. Coupable d'avoir percé le secret de la carte bancaire*, Paris, XO Éditions, 2001.

Pour contester la validité des thèses de Serge Humpich, Roland Moreno n'a pas hésité, après avoir rappelé que les banques ont choisi un format de clé très insuffisant (il est désormais établi que les cartes émises avant novembre 1999 peuvent être clonées par la « technique Humpich »), à promettre 1 million de francs (152 500 euros) de récompense à celui ou à celle qui réussirait à identifier le code secret de trois cartes à puce françaises. Remarquons que ce défi, à ce jour, n'a pas pu être relevé[1].

Si les préjudices directs du *carding* sont très difficiles à évaluer, il semble qu'ils demeurent, toutes proportions gardées, relativement modestes.

Le skimming

Parmi les cyberdélits les plus visibles par le grand public – les plus sensibles, aussi, avec les affaires de pédophilie sur lesquelles nous revenons un peu plus loin –, les escroqueries à la carte bancaire occupent une place particulièrement importante. Utilisation des codes secrets, paiement des services de téléchargement de logiciels en ligne, connexion sur des serveurs pornographiques, achats de matériels auprès de sites marchands... ils sont regroupés sous le terme générique de *skimming*. De la taille d'un *pager* électronique, le *skimmer* est un appareil conçu pour lire les informations stockées sur les bandes magnétiques des cartes de crédit. Aussi, le *skimmer* – dont l'utilisation première est tout à fait légale – enregistre-t-il l'information de la carte de crédit stockée sur la bande magnétique (information qui permet de faire des achats illégaux, ou de créer de nouvelles cartes de crédit).

Une autre forme d'escroquerie consiste à garder un dispositif supplémentaire de *skimming* dans une mémoire, à côté de la machine officielle de paiement par carte. La carte est d'abord lue

1. http://parodie.com/monetique/communique_moreno_16062000.htm.

par cette première machine pour approbation de l'achat puis, par le dispositif illégal de *skimming* afin de copier l'information contenue sur la bande magnétique. Une complicité avec un employé est donc souvent nécessaire, celui-ci se faisant rétribuer « à la carte » (notons à ce propos que 80 % des intrusions dans les réseaux, visant à détruire ou voler des fichiers, sont réalisées de l'intérieur même de l'entreprise.) Ce type d'escroquerie s'observe tout particulièrement dans les entreprises où la rotation des employés est importante : restaurants, stations services... Des machines portables de *skimming*, pouvant mémoriser jusqu'à cent numéros de compte à la fois, ont même été employées. Elles permettent, par exemple, à un serveur de restaurant de passer la carte au balayage du *skimming*.

Pour tenter de réduire ces risques d'escroquerie, de nombreux établissements bancaires investissent dans la recherche et le développement, à l'exemple de MasterCard International qui travaille actuellement avec Mag-Tek, Inc., un fournisseur international majeur de technologies et de produits de lecteur de cartes.

Yescard et geZeroLee BoX

Exemple de Yescard

La Yescard et le logiciel geZeroLee BoX sont très certainement les deux outils qui inquiètent le plus les banques aujourd'hui.

La Yescard (« la carte qui dit oui ») est un clone de carte bancaire. Sa puce est reconnue par les terminaux de paiement électronique comme émanant de l'autorité bancaire sauf qu'ici, quel que soit le code à quatre chiffres utilisé, cela fonctionne... (au moins pour des retraits à hauteur de 90 euros). Quant au logiciel geZeroLee Box, si l'on en croit le site parodie.com –

animé par Laurent Pelé, ingénieur Supélec, et consacré à traquer les imperfections de la carte à puce –, il permettrait l'industrialisation de la fabrication de Yescards et ce, en seulement quelques clics. geZeroLee Box aurait été mis au point par un hacker qui participait à un forum de recherche sur la Yescard et serait aujourd'hui soit disant diffusé de façon très restrictive sur Internet. Néanmoins, les auteurs sont parvenus à le trouver, ce qui tend à montrer la fragilité du système.

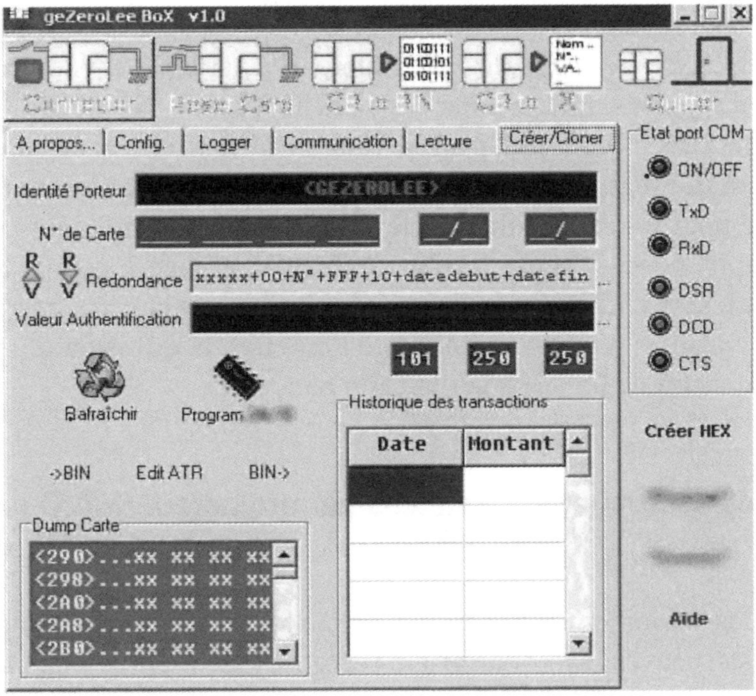

Présentation du logiciel geZeroLeeBox

Le soft Gezerolee v1.0 génère le fichier .hex. La procédure pour cloner sa CB avec ce logiciel est alors la suivante :

1. Prendre une interface Phoenix qui permet la lecture de la carte.

2. Introduire sa CB.
3. Dans geZeroLee, faire « connecter » puis « reset ».
4. Aller dans « communication » : l'ATR de la carte apparaît.
5. Aller dans « lecture ». Faire « lecture partielle » (des infos de la carte sont alors données). Cliquer sur « déverrouillage » (entrer son code PIN), puis faire « lecture totale ». Toutes les informations sont alors fournies, y compris l'historique des transactions.
6. Aller dans « créer/cloner ».

Naturellement, seule une partie de la procédure est décrite ici – l'utilisation de ce logiciel étant interdite par la loi et passible de lourdes peines, tout comme celle des Yescards.

En revanche, et on peut y voir un abus du Législateur, un forum qui regroupait 6 000 personnes intéressées par les cartes à puce pour les décodeurs de télévision par satellite a été fermé (y compris donc, la petite section qui était consacrée à la carte bancaire). Ces entraves à la liberté d'informer sur la carte bancaire ne se justifient pas – rien n'interdit en effet, la diffusion d'informations ou de logiciels sur la carte bancaire[1].

• Les escroqueries assistées par ordinateur (E.A.O.)

Ces détournements, qui exigent de solides connaissances techniques, peuvent avoir une origine externe à l'entreprise cible mais reposent, le plus souvent, sur des complicités internes. Parmi les « faits d'armes » les plus célèbres, le détournement, par des pirates, de plus de 70 millions de dollars de la First National Bank of Chicago que nous avons mentionné au début du livre. En France, c'est la banque CIC qui a été piratée. Aucune destruction,

1. http://www.parodie.com/monetique/brevecabines_20062001.htm.

aucun vol non plus, les pirates se sont, pour cette fois, « contentés » d'ouvrir un espace *underground* secret.

Le traitement illicite de données nominatives

Définis par la Loi Informatique et Liberté du 6 janvier 1978 – loi qui a pour objet la protection de la personne contre les abus commis dans le traitement des fichiers qui contiennent des données nominatives et personnelles –, ces cyberdélits, contrairement à une croyance tenace, sont les moins répandus. Pour exemple, en 1999, selon les statistiques officielles du ministère de l'Intérieur, ils ont constitué moins de 1 % des actes de cybercriminalité. Il n'empêche, et au-delà des chiffres, peu de serveurs sont aujourd'hui en conformité avec les textes dans l'exploitation de leurs *mailing lists* – ne serait-ce que dans l'obligation qui leur est fait de déclarer ces listes à la CNIL.

Chapitre 11

Délits « ordinaires » et nuisances directes

• Les *lamers*, nouveaux « délinquants » du Net...

Surnommés *lamers*, autrement dit les « débutants », par les anciens, ces pirates de la « nouvelle génération » ne connaissent, en réalité, pas grand-chose à l'informatique. Pire, même, aux yeux de leurs aînés, leurs actions ne répondent à aucune motivation profonde hors celle de « faire un coup ». Pour agir et se lancer à l'assaut du Net, sans aucun souci d'ailleurs pour les autres internautes, ils récupèrent des programmes capables de lancer des virus, des chevaux de Troie, des logiciels pour « casser » des codes, des *sniffing* (pour détecter les ports ouverts sur la machine cible et y lancer une attaque) ou, encore, des *nukes* (dont la particularité est de déconnecter un utilisateur d'une « chat »)... Autant d'actes de vandalisme que nous allons maintenant passer en revue.

• Le *mail bombing* ou délit d'entrave à serveur[1]

L'une des méthodes hacktivistes les plus prisées, pour mettre « hors fonctionnement » un serveur, consiste à utiliser la puissance du Réseau par la mobilisation de plusieurs centaines –

1. Source : Y. Chatelain et L. Roche, *Marketing et cybercriminalité*, 4, Paris, Hermès, pp. 67-68.

voire milliers – de personnes – celles-ci devant se connecter au même moment sur un même serveur.

Plus précisément, le *mail bombing* ou *swamping* – également appelé « refus de service distribué » (*Distributed Denial of Service – DDoS*) est une technique relativement simple. Kevin Mitnick, dans un commentaire au *Times* et à *Newsweek*, la qualifiant même de technique « simpliste », « pas cool » et « peu impressionnante ». Le *mail bombing* consiste, comme son nom l'indique, à bombarder les serveurs des sites avec des milliers de fausses requêtes simultanées, jusqu'à ce que ces derniers « tombent en rideau », ou à saturer une boîte aux lettres électronique par l'envoi massif de Ko (Kilo octets) ou, encore, à faire disjoncter un service sous un « raz de marée » d'e-mails. Selon l'agence Bloomberg, à l'occasion d'une attaque, la quantité moyenne d'informations reçue peut atteindre un gigabit par seconde, soit l'équivalent d'un trafic 20 à 100 fois supérieur à la normale (et parfois l'équivalent de la quantité d'informations que reçoivent certains sites au cours d'une année entière). Parmi les exemples les plus célèbres, les attaques contre Yahoo !, CNN, Amazon.com… en février 2000.

Le *DDoS* n'a pas pour objet de faire intrusion sur l'ordinateur paralysé. Dans sa version la plus simple, le *DDoS* utilise un outil baptisé « ping », qui consiste à envoyer un petit paquet de données pour tester l'accessibilité de l'ordinateur cible. À l'envoi d'un « ping », l'ordinateur cible répond. Mais, parce que le pirate signe sous une fausse adresse, l'ordinateur ne sachant pas où envoyer sa réponse va « attendre ». C'est pendant cette attente que les requêtes – autrement dit les messages – vont affluer et finir par « déborder » l'ordinateur pour, finalement, le « paralyser ».

Le plus souvent, ce type d'attaques est indirect. Ainsi, ce n'est pas de l'ordinateur de l'agresseur que partent les requêtes mais d'autres machines, infiltrées par des logiciels spéciaux (assez largement disponibles) et activées à distance par l'attaquant. C'est ainsi que des ordinateurs d'universités prestigieuses peuvent se retrouver associés à certaines attaques.

Dans sa version plus élaborée, le *DDoS* peut se faire par l'intermédiaire d'outils logiciels spécifiques baptisés de noms énigmatiques : Tribe FlooNet (tfn), Tribe FloodNet 2K (tfn2K), Trinoo, Stacheldracht. Ces outils, véritables logiciels « dormants », sont utilisés pour piéger les ordinateurs qui servent involontairement à l'attaque massive. Ils permettent de lancer des masses de requêtes à partir d'un seul ordinateur vers un grand nombre de serveurs intermédiaires engagés, malgré eux, dans l'opération, puis, à nouveau, de concentrer le tir vers une cible unique. Ils donnent ainsi l'illusion que l'attaque vient de tous côtés. Il faut néanmoins pénétrer au préalable tous les centres serveurs utilisés par la suite pour relayer l'attaque proprement dite, et en prendre le contrôle à l'insu de leurs propriétaires. C'est là un travail minutieux qui peut prendre plusieurs mois[1].

En cas d'attaque *DDoS*, les administrateurs réseaux doivent donc, à la fois, identifier l'adresse IP de l'agresseur, et filtrer les paquets envoyés pour interdire les requêtes envoyées par l'attaquant. C'est assez délicat si l'on considère que l'attaquant dispose de tout un arsenal de « leurres » qui vont constituer autant d'obstacles à son identification. Ainsi, l'utilisation de « zombies » est, désormais, très répandue. Un ordinateur « zombie » est un ordinateur piraté qui va servir, à l'insu de son propriétaire, à des actes de piratage en envoyant plusieurs millions de messages en direction des serveurs-cibles ou des routeurs qui aiguillent le trafic. Qui plus est, une machine « zombie » permet plusieurs attaques en simultané.

Si l'attaque *DDoS* est tant redoutée, c'est parce que celle-ci pourrait mettre à mal le Réseau. Ainsi, comme le rapporte Marina Del Rey, de l'agence Reuters : « Un pirate informatique qui souhaite provoquer une panne de l'Internet peut, tout simplement,

1. http://www.cert.org.

s'en prendre aux serveurs "vitaux" [...] serveurs qui orientent les internautes sur le Réseau. » Cette vision « catastrophique » est corroborée par Paul Vixie, un des intervenants de la conférence de l'Internet Corporation for Assigned Names and Numbers (Icann – 2001), pour qui : « Une attaque destinée à inonder de requêtes un de ces serveurs peut [effectivement] paralyser Internet ; les 13 serveurs « vitaux » orientant le trafic et les 10 serveurs gérant les principaux noms de domaines (adresses Web) étant réellement vulnérables. » Remarquons que, depuis les attentats du 11 septembre 2001, et après les ravages des virus Red Code I, Red Code II et Nimda, l'Icann (cf. page 34) a décidé de concentrer ses travaux et, surtout, ses moyens à renforcer la sécurité de la Toile.

• Attaque et déconnexion d'un ordinateur (*nuke*)[1]

Dans cette même « veine » des délits « ordinaires », le *nuke* consiste à attaquer un ordinateur avec pour objectif de le déconnecter du Réseau, exactement comme nous pourrions le faire d'un joueur en le sortant de l'aire de jeu. Lorsqu'un site est victime d'un *nuke* (on dit alors qu'il est *nuké*), trois cas de figure sont possibles :

1. Il ne se passe « rien ». En réalité, ou bien l'ordinateur est déjà protégé, ou bien la personne, à l'origine de l'attaque, a utilisé un programme inadapté parce que pas assez puissant.
2. Un écran bleu apparaît. S'il est possible de le faire disparaître, l'ordinateur s'en trouve, en réalité, affaibli et donc... vulnérable. Un « ennemi » est « dans la place » et, si l'ordi-

1. Y. Chatelain, L. Roche, *Internet 2002, Le Webmarketing en action*, Paris, Maxima Laurent du Mesnil, 2001.

nateur a peut-être résisté au premier assaut, il ne résistera vraisemblablement pas au second.

3. Un écran bleu apparaît. Cette fois, il est impossible de le faire disparaître. L'attaquant a utilisé un programme parfaitement adapté pour ce genre de mission – proche, très certainement, des chevaux de Troie (cf. ci-dessous, *Les familles de virus*).

Ces délits « ordinaires » – qu'il s'agisse du *nuke* ou du *mail bombing* – qui peuvent avoir des conséquences graves sur le fonctionnement d'une entreprise, sont à la portée du « premier venu ». De nombreux logiciels, en effet, sont à la disposition du grand public et permettent de bloquer l'accès à la messagerie d'une entreprise, l'accès à la messagerie d'un site Web, de déconnecter des utilisateurs d'ICQ... Dans ce même « esprit », et comme souligné ci-dessus (cf. *Le mail bombing ou délit d'entrave à serveur*) des logiciels permettent les attaques *ping death* – attaques qui visent un serveur et, parce que ces attaques le bombardent d'un nombre de requêtes extrêmement élevé, le mettent hors d'usage.

• Les canulars sur le Net (*hoaxes*)

Autres délits, désormais tout aussi ordinaires, les *hoaxes*. Il s'agit de rumeurs infondées dont la légende veut qu'elles soient nées en juillet 1969, alors qu'Armstrong faisait ses premiers pas sur la lune. Pour « tuer le temps », les informaticiens de la NASA propageaient de fausses alertes sur les écrans du centre de contrôle de Cap Canaveral. Les *hoaxes* peuvent, dans leur mode de diffusion, être apparentés aux chaînes postales et, s'ils ne sont pas nés avec Internet, ils ont, en revanche, trouvé grâce au Net, une nouvelle jeunesse et une puissance de diffusion incomparable. En effet, ils utilisent la dynamique du Réseau et la capacité donnée à chaque internaute de « faire vivre » le *hoax* par simple utilisation de la fonction « faire suivre » de sa messagerie électronique.

Le site de hoaxbuster :
http ://www.hoaxbuster.com

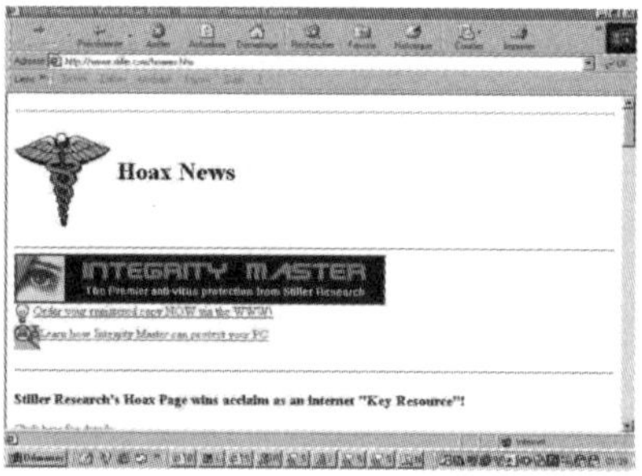

Exemple d'un autre site plus spécifiquement dédié à chasser, répertorier et analyser des virus canulars, http ://www.stiller.com

Dans un cadre un peu différent, puisque basé sur le réseau Bitnet d'IBM, mais qui illustre bien la puissance que peut générer le renvoi « automatique », la carte de vœux « Chrisma » qui a conduit à un véritable « désastre ». Carte virtuelle envoyée de l'Université allemande de Klaustal, « Chrisma » avait été créée pour s'auto-expédier en utilisant les numéros d'appels des correspondants qui la recevaient. Quelques jours seulement après son lancement, la carte avait déjà fait plusieurs fois le tour du monde. IBM n'a pas eu d'autres solutions que de fermer son réseau Bitnet, saturé par les cartes qui déferlaient de partout.

Mentionnons que tous les *hoaxes* ne sont pas aussi innocents. Par exemple, Jonathan G. Lebel, un jeune Américain de quinze ans, a réalisé 273 000 dollars de profits illégaux grâce à l'achat et à la revente d'actions dont il avait fait grimpé les cours en diffusant de faux messages d'informations sur le Net.

Chapitre 12

L'envoi de messages en grand nombre (*spam*)

• Les origines du *spam*[1]...

Traduit en France par la périphrase « diffusion massive de messages non sollicités », le mot *spam* était utilisé par les Anglais pendant la Seconde Guerre mondiale pour décrire un corned beef au goût très... « anglais » fabriqué par la société Hornel Foods et que les Américains parachutaient massivement – dans le cadre de l'une de leurs campagnes « humanitaires » dont ils ont le secret – sur la Grande-Bretagne. Le mot a été repris dans les années 80 par les Monty Pythons dans un de leurs films. Dans l'une des scènes, on voit une serveuse de restaurant proposer systématiquement du *spam* à ses clients : « Nous avons ceci, cela et du *spam*, cela, ceci et du *spam*, *spam*, ceci, cela et du *spam*, *spam*, *spam*... » et

Photo d'une boîte de spam, utilisée ici pour faire la publicité du site de Sanford Wallace (cf. ci-dessous)

1. Source : Y. Chatelain et L. Roche, *Marketing et cybercriminalité*, 6, Paris, Hermès, pp. 118-121.

tous les clients de reprendre en chœur : « *spam, spam, spam, beautiful spam...* » Aujourd'hui, la communauté Internet s'est appropriée le mot pour caractériser tout ce qui est lourd et non « digérable » parce que non sollicité. Quant au terme *spamming*, il correspond à l'acte lui-même ; celui qui l'accomplit étant appelé *spammeur*.

Son acception dans son sens informatique revient à John Postel, l'un des pères de la messagerie sur Internet qui, le premier, s'aperçut qu'il n'existait pas de moyen de supprimer un courrier une fois celui-ci expédié. Pour que cette suppression soit possible, la seule solution serait d'interdire l'envoi des messages ou de les soumettre à la censure – comme cela se pratique, d'ailleurs, dans les pays totalitaires et, pour les autres pays, en temps de guerre.

Le *spamming* pose des problèmes car il possède certains attributs du commerce électronique comme, d'ailleurs, du commerce dans ses formes les plus classiques. Ainsi, de la même façon que les entreprises peuvent « assommer » les particuliers de tracts publicitaires dans leur boîte aux lettres, le *spamming* reproduit la même pollution dans des boîtes aux lettres privées (mails), dans des *newsgroups* ou, encore, dans des canaux IRC (Internet Relay Chat). Aussi, tout ce qui est non sollicité ou hors de propos dans un contexte « numérique » et qui vise à vendre un produit ou un service peut être considéré comme du *spam*.

Mais le *spam* ne peut être totalement assimilé, et encore moins confondu, aux techniques que développent certaines sociétés de marketing direct téléphonique, aux intérimaires qui distribuent des prospectus à la sortie du métro pour vanter les mérites de tel ou tel marabout ou pour l'ouverture d'un restaurant, ou encore aux grandes surfaces alimentaires qui font déposer leurs tarifs promotionnels dans les boîtes aux lettres. En effet, et contrairement aux auteurs de *spam*, tous supportent l'intégralité des coûts de distribution et de diffusion. De sorte que, à l'inverse des messages électroniques, même s'ils encombrent le destinataire et lui font souvent perdre son temps, les messages diffusés sous forme papier ont au moins une caractéristique commune : ils coûtent cher à leurs auteurs et rien (au-delà des désagréments qui, d'ailleurs, resteraient à chiffrer) aux destinataires.

• Les *spammeurs* qui ont fait l'histoire

Laurence Canter et Martha Siegel

Le premier *spam* répertorié revient très certainement aux avocats américains Laurence Canter et Martha Siegel. Le 12 avril 1994, ces deux spécialistes du droit de l'immigration ont fait la promotion de leurs services auprès de 6 à 9 000 groupes de discussion sur Internet. Leur message a ainsi été expédié à des dizaines de millions de personnes et ils ont reçu plus de 25 000 demandes d'information. Pour un coût initial d'environ 25 dollars, ils ont généré quelque 100 000 dollars d'honoraires. Si leur envoi, non censuré, a suscité l'indignation de la communauté du Net, le tollé qui s'en est suivi – finalement sans grande conséquence – les poussa à rédiger un ouvrage au titre évocateur : « Comment faire fortune sur les autoroutes de l'information.[1] »

Jeff Slaton

Le livre de Canter et Siegel sera très lu et il va influencer toute une génération dont Jeff Slaton, alors modeste vendeur d'espaces de pages jaunes. L'impact va être tel que celui-ci – qui jusqu'alors

1. Canter, L.-A. et M.-S. Siegel : *How to Make a Fortune on the Information Superhighway*, HarperCollins, 1994.

n'avait jamais eu d'autre ambition que celle, peut-être, de gagner suffisamment d'argent pour régler son modeste loyer et payer sa... bière quotidienne – va décider de devenir « le roi du spam ». Pour commencer, Jeff Slaton va s'immiscer dans les forums, se procurer des listes de destinataires et, finir par baptiser son activité : « commerce électronique ». Il va s'associer avec des vendeurs « de vent et de fortune », des fournisseurs de services informatiques et d'accès Internet aussi désireux que lui de profiter de l'aubaine et écumer les forums en déversant des milliers de messages, souvent d'ailleurs très douteux, aux internautes.

Son premier essai est resté célèbre, tout particulièrement au Moyen-Orient. Et pour cause, il s'agissait de la vente des plans déclassifiés des bombes d'Hiroshima et de Nagasaki. La réponse des internautes fut de constituer des organisations anti-spam d'autodéfense qui appliquent d'ailleurs, et comme pourraient le faire certains partis politiques, les mêmes méthodes que celles qu'elles sont censées combattre. Et, parce qu'on est jamais mieux servi pour innover que lorsque le danger se fait voir, pour éviter de subir de trop forts chocs en retour, Jeff Slaton va inventer de fausses adresses de messagerie, ouvrir des comptes Internet pour émettre puis disparaître aussitôt – les plaintes des usagers se perdant alors dans des limbes de l'informatique.

Les meilleures choses ayant une fin, si ces méthodes sont toujours utilisées aujourd'hui, elles vont néanmoins le perdre – les fournisseurs d'accès au Réseau s'étant accordés pour le boycotter. Jeff Slaton ne fera pourtant jamais de prison. Comme d'autres avant lui, il a été « retourné » et pratique, aujourd'hui, le conseil... anti-spam !

Sanford Wallace

Une place ne restant jamais très longtemps inoccupée, Jeff Slaton a rapidement été remplacé par un nouveau roi du *spam* :

Sanford Wallace. Pour éviter les déboires de Jeff Slaton, Sanford Wallace comprend, en 1996, qu'il lui faut louer ses propres lignes de télécommunications (T1 et T3 backbones) et, dans la logique de création de sa société de vente de diffusion massive, il ouvre son propre site Internet : www.cyberpromotion.com, aujourd'hui fermé. Ainsi relié à Internet, Sanford Wallace ne risque plus de se faire exclure pour *spamming* par un fournisseur d'accès et peut utiliser les ressources du Réseau à ses propres fins. Parmi ces ressources, il réussit à se procurer des adresses d'abonnés à AOL et inonde Internet de millions de messages répétitifs (plusieurs par semaine et par abonné) et fait de même avec plusieurs services.

Contrairement à ce qui s'était passé pour Jeff Slaton qui fut, en quelque sorte, dénoncé par les particuliers, pour Sanford Wallace, c'est AOL qui va monter au créneau et obliger l'État de Virginie, où elle est immatriculée, à voter une loi pour lutter contre le comportement parasitaire et antisocial du *spammeur*.

Se qualifiant lui même de rebelle, allant jusqu'à déposer le nom provocateur et mégalomane de « Spamford », prenant toutes les mesures possibles pour duper les systèmes de filtrage conçus pour bloquer ses envois, Sanford Wallace affirme aujourd'hui s'être assagi. Il dirige SmartBotPro.net, une société qui propose des... autorépondeurs.

• Le *spam* aujourd'hui

De nombreuses solutions logicielles existent, aujourd'hui, qui permettent un véritable marketing de masse. Ainsi, des extracteurs d'e-mails (de type Emagnet) en passant par les différents type de *bulkers* qui permettent l'envoi en masse sur Usenet (*newsgroups*).

Le *spam* représenterait à l'échelle mondiale, selon une étude publiée par l'Union Européenne, plus de 500 millions de messages par jour et coûterait à la communauté internaute plus de 10 milliards d'euros par an.

Désormais qualifiée de crime par certains États américains, la pratique du *spam* peut donner lieu à des amendes comprises entre 500 et 2 500 dollars. Par ailleurs, la loi permet au fournisseur d'accès de poursuivre les expéditeurs de messages et d'obtenir, ainsi, des dommages et intérêts – de l'ordre de 10 dollars par message, ou de 25 000 dollars par jour. Cette première loi « anti-spam » faisant boule de neige, d'autres États ont, depuis, emboîté le pas. Aujourd'hui, après la Virginie et la Californie[1], ce sont le Colorado, le Nevada mais aussi l'État de Washington qui possèdent, d'ores et déjà, des législations adaptées pour poursuivre les expéditeurs de ces messages[2].

Si, face à cet arsenal juridique en « devenir », de nombreuses voix, adeptes du libéralisme total sur Internet, s'élèvent pour rappeler le premier amendement de la constitution américaine qui prévoit… la liberté d'expression, il n'en demeure pas moins qu'un pas important vient d'être franchi – à tel point que l'Union Européenne a commencé à proposer des axes de travail.

Dans cet entre-deux, la France. Ainsi sur l'utilisation de *bulkers* sur des *newsgroups*, Grolier Interactive (alors propriétaire de Club-Internet) n'a pas hésité à porter plainte contre un de ses utilisateurs pour : « délit d'entrave à serveur ». Débouté en première instance de par « l'inanité des déclarations d'encombrement » et des prétentions de dédommagement qualifiées par l'expert auprès de la cour de « farfelues », ils n'ont pas hésité à faire appel d'un jugement qui faisait pourtant demande de la relaxe. Aussi est-ce sans surprise que le 18 décembre 2001, dans

1. La Californie s'est dotée d'une loi qui permet au fournisseur d'accès de se retourner contre ceux qui violent leur règlement.
2. G. Le Solleu, *La Tribune des marchés*, mercredi 14 avril 1999.

le droit fil du « bon sens élémentaire », la Cour d'Appel a confirmé la relaxe du prévenu.

La mesure du *spam*[1]

Les deux éléments-clés de la mesure d'un *spam* sont :

1. L'intensité. Celle-ci se mesure à l'aide de l'indice Breidbart ou l'une de ses variantes. Cet indice s'obtient en combinant le nombre de messages et le nombre de cibles (forums). Un index supérieur à 20 – s'il est associé à un envoi répétitif – est considéré comme un *spam* caractérisé. *A contrario*, un seul envoi (le *one shot*) n'est donc pas considéré comme un *spam*.
2. Le contenu. Celui-ci peut être délictuel. C'est le cas, par exemple, des escroqueries de toute nature, mais aussi des incitations à la violence, du racisme, de l'outrage aux personnes ou aux mœurs.

Le taux de *spamming* mondial en direction des forums (*newsgroups*) peut atteindre 5 à 10 % des messages envoyés et 100 % pour les sites dédiés au *spam* (*rogue sites*). Enfin, pour les gestionnaires de forums, l'obligation de diffuser les messages en direction des utilisateurs devient une charge et un fardeau lorsqu'il s'agit de messages identiques adressés de façon répétitive au même forum et qui ne correspondent pas aux intérêts des utilisateurs, lorsque ceux-ci ont un caractère délictuel ou, encore, lorsqu'il s'agit de messages identiques adressés à plusieurs forums gérés par le site.

1. Source : B.-J.-M. Norek, Expert auprès de la Cour d'Appel de Paris, 2000.

Chapitre 13

Les virus

• Histoire et origine des virus…

Des lettres, pourtant frappées dans le bon ordre qui, brusquement s'inversent… Des voyelles qui deviennent des consonnes, des consonnes qui deviennent des chiffres… Un écran qui, soudain, « passe » au noir… Un bruit étrange du disque dur… Et, pour finir, une modification du système… C'est là, le résultat possible d'un virus. Au même moment, des données soudainement formatées… Les craintes sont confirmées, il s'agit bien d'un virus, ici, le virus Ebola.

Depuis l'invention de l'informatique, les virus constituent très certainement le fantasme numéro un des utilisateurs. « D'origine latine, le mot *virus* – qui n'est pas sans rapport avec la virilité (*vir*, l'homme) – désignait, à l'initial, le sperme et la semence des animaux et végétaux. Au XVIe siècle, le siècle d'Ambroise Paré, il a fait son apparition en médecine pour désigner le pus puis, par extension, une source d'infection. Au XIXe siècle, il désigne le micro-organisme responsable du mal, notamment avec Pasteur. »[1]

Au début des années 60, le terme *virus* s'enrichit d'un nouveau sens. Il désigne alors un facteur de perturbation des systèmes militaires. L'idée figure dans la littérature populaire et, tout particulièrement, dans *When Harlie Was One*, un roman de science-fiction de 1972 de David Gerrold, l'un des scénaristes de

1. Cléo, « Virus », *Le Monde*, mercredi 24 mai 2000.

Star Trek. Dans ces mêmes années, ces programmes – qui ne s'appellent pas encore *virus* – sont, pour les chercheurs, un objet d'amusement. Et, parce qu'ils n'ont, naturellement, aucune vocation à sortir des laboratoires, ils ne vont être accompagnés, au moins au départ, d'aucun « vrai danger ».

Ainsi, au début des années 60, trois informaticiens américains de la société Bell ont consacré une grande partie de leur temps à créer un jeu ésotérique. Ce jeu consistait à lâcher deux programmes de combat dans la mémoire vive de l'ordinateur. Le but : détruire son adversaire ou tenir (*i.e.* résister aux attaques), jusqu'à la fin du temps réglementaire. Les techniques de combat étaient très simples – tout particulièrement l'algorithme qui connaissait le plus de succès et qui visait à bombarder la mémoire de « 1 » (valeur binaire), ce qui modifiait le programme et le détruisait.

Avec le temps, ce type de jeu s'est lentement développé. Des articles ont été publiés et un manuel a même été rédigé. Quelques années plus tard, pour perfectionner les programmes d'attaque, deux Italiens ont ajouté une procédure pour intervenir directement sur la mémoire de l'ordinateur (disque dur ou disquette). Mais, parce que cela ressemblait « trop » à un virus – tel qu'on peut d'ailleurs le concevoir aujourd'hui – ils abandonnèrent leurs recherches, effrayés très vraisemblablement par le potentiel destructeur de leur découverte.

Hors le premier virus – du moins officieux – certainement apparu le jour du premier bug informatique, dans les années 40, où la légende veut qu'une punaise[1] ait causé un court-circuit dans un ordinateur du MIT, la première « fuite » de virus dans la nature et, avec elle, le premier virus répertorié ne va intervenir qu'une vingtaine d'années plus tard.

---

1. Punaise se dit *bug* en anglais, tout comme *bug* désigne de façon familière un microbe aux Etats-Unis. De là, très certainement, les expressions aujourd'hui très usitées : « Avoir un bug » ou « bugger son ordinateur ».

Nous sommes en 1981 et ce virus, nommé Elk Cloner et qui concerne les ordinateurs Apple II – au début des années 80, Microsoft n'avait nullement le monopole des systèmes d'exploitation et de certains logiciels –, marque ce qui deviendra une nouvelle acception « officielle » du mot *virus*. Deux ans plus tard, l'essai sémantique est transformé, le terme « virus informatique » (*computer virus*) que l'on doit à David Cohen est né.

Étudiant en informatique à l'Université de Californie, David Cohen avait pour objectif de créer – sans aucune intention de nuire – un programme parasite, une sorte de vie artificielle autonome comparable à celle de virus biologiques, capable de se reproduire et de pervertir les programmes.

Code Informatique introduit clandestinement dans un ordinateur et susceptible de perturber son fonctionnement, le *virus* a un cycle de vie qui se compose de sept étapes : la création, la gestion, la duplication, l'activation, la découverte, l'assimilation et l'éradication. Le virus se « reproduit » par disquette ou téléchargement sur un réseau. Une fois activé, il altère le fichier cible. Il peut faire apparaître des mots indésirables à l'écran, modifier ou empêcher l'exécution de certains fichiers et, même, détruire entièrement un disque dur.

En 1986, avec *Brain* (cerveau), les virus accompagnent le succès des compatibles PC (en majorité alors des IBM). Trois ingrédients concourent, en effet, au développement des virus : la multiplication des ordinateurs, leur connexion à Internet et le développement d'outils de création de logiciels (ActiveX, Java, VBScript…) à la portée de la plupart des internautes « avertis ». En 1988, Robert Morris, lâche « accidentellement » sur Internet un virus qui infecte et endommage plus de 6000 machines – principalement dans des laboratoires universitaires.

En 1988, il existe une dizaine de virus répertoriés. Dix ans plus tard, les éditeurs d'antivirus estimaient à près de 18000 le nombre de virus en circulation. D'après les chiffres publiés par l'un de ces éditeurs d'antivirus, Dr Salomon's – chiffres largement surestimés selon certains experts indépendants – 17 745 virus différents étaient recensés en 1998 contre 18 seulement en 1989[1]. Il y en aurait aujourd'hui plus de 60 000[2] et 2 000 nouvelles infections virales feraient leur apparition chaque mois.

Pour illustration, en avril 1997, déjà, le MITI (Ministère de l'Industrie et du Commerce Extérieur) japonais tirait la sonnette d'alarme. 200 cas d'infection y avaient été recensés, soit une progression de 100 % en un mois. Cette multiplication est le fait des virus mutants qui évoluent et se transforment par eux-mêmes, ainsi que des générateurs de virus qui pullulent sur Internet. Parmi eux, le VBS generator créé par un Argentin et mis en ligne en 2000. Ce générateur connu un tel succès que les virus créés par lui (dont l'un des plus célèbres est le virus Kournivova) ont quasiment tous fait la « une » des journaux. Il est à noter, d'ailleurs, que toutes les revues informatiques comme d'ailleurs des publications généralistes au premier rang desquelles *Time* ou *Fortune* consacrent de nombreux dossiers aux virus.

En 1989, c'est au tour de la France d'être touchée quand le n° 41 du magazine *Am-MAG*, spécialisé dans l'Amstrad Cpc, propose un programme permettant de disposer d'un nombre illimité de vies dans un jeu vidéo nommé *The Living Daylight*. À cette époque, les lecteurs participaient à la rubrique « Trainers » du journal en envoyant leurs contributions sous forme de programme assembleur, codé en data basic – un langage simple qui pouvait facilement être recopié et utilisé. Dans ce numéro 41, un petit programme de 38 lignes contenait un virus qui touchera plusieurs centaines de personnes, affichant un texte des plus virulents : « Am-mag, c'est nul, vive Amstrad 100 %, conservez ce disque. » Le magasine proposa bien, un mois plus tard, l'antidote, mais le mal était fait.

1. « Les mots infectés », *Le Monde Interactif*, mercredi 10 mars 1999.
2. Source Symantec, *Le Monde*, samedi 6 mai 2000.

C'est en en 1990 – année où l'acception informatique de virus fait son entrée dans le *Petit Larousse* – qu'est créé, à Hambourg, l'Institut Européen de Recherche Contre les Virus Informatiques (EICAR)[1].

Depuis les premiers virus répertoriés et « lancés » sur Internet en passant par Michelangelo, un virus programmé pour se déclencher le 6 mars 1992, – date anniversaire de l'artiste, qui a fait beaucoup de bruit mais n'a infecté, en réalité, qu'environ 20 000 ordinateurs –, les progrès de la « virologie » sur le Net ont été considérables. Le développement de l'entreprise en réseaux y est d'ailleurs pour beaucoup. En effet, si l'entreprise augmente sa portance, sa visibilité et sa flexibilité... elle multiplie tout autant les points d'entrées. «'Il y a cinq ans, un commercial n'envoyait jamais, ou presque jamais, de chez lui des données confidentielles. Désormais, il le fait assez facilement, explique Hervé Schauer, consultant en sécurité réseau. Dans ces conditions, l'attaque à la mode est la suivante : l'intrus contourne le réseau sécurisé et attaque directement le PC du salarié. »[2] De même, avec le développement du Net, chaque internaute se trouve, aujourd'hui, à la merci d'une agression ou d'une entrée par effraction sur son ordinateur.

Quant aux virus de « dernière génération » – le plus souvent, l'apanage des *crashers*, qui, comme nous l'avons vu (cf. *Le deface – niveau 2 – ou la modification « organisée » des pages d'un site*), sont de véritables vandales des temps modernes et dont le seul objectif « à terme » est la destruction de données – ils peuvent infecter un ordinateur de façon automatique sans que l'utilisateur ait à ouvrir un fichier attaché au message électronique. Parmi ces virus : Bubbleboy – en référence à un épisode de la série télévisée *Seinfeld*. Ce virus, détecté aux États-Unis par

1. Cléo, « Virus », *Le Monde*, mercredi 24 mai 2000.
2. L. Belot et E. Renault, « Les attaques sur le Net ébranlent la nouvelle économie », *Le Monde*, vendredi 11 janvier 2000.

la société informatique Networks Associates, s'attaque aux PC équipés de Windows et des logiciels Internet Explorer et Outlook Express de Microsoft[1].

Remarquons néanmoins, parce que plus original peut-être, que tous les virus n'ont pas pour vocation de « nuire pour le seul plaisir de nuire ». Ainsi, et avant l'adoption de lois strictes sur les virus, certains éditeurs de logiciels ont vu, dans les virus, une solution efficace contre la copie. Dès 1992, par exemple, la société SEGA publiait Glock 360, un jeu pour AMIGA qui, s'il était piraté, se bloquait et affichait un message sans ambiguïté : « Si je suis un hacker, me voilà en difficulté. D'un autre côté, si j'avais acheté ce jeu légalement, je n'aurai pas eu de problèmes. Si vous l'avez acheté et si cette erreur devait se reproduire, merci de nous faire un récapitulatif des détails de votre logiciel et de nous le retourner. »

A contrario, certains virus ont pour vocation délibérée de nuire à la concurrence. Ainsi, en janvier 1996, la Marine Nationale Française trouve des raisons de s'inquiéter des possibilités d'infection de ses ordinateurs. En effet, un message classé « Diffusion restreinte » informait toutes les bases que la version 95 du logiciel Windows de Microsoft était susceptible d'être plus facilement attaquée par des virus que la version précédente (3.11). Les ordres étaient clairs : ne pas employer Windows 95, ne pas se connecter aux réseaux locaux qui l'utilisaient et, en conséquence, demander aux fournisseurs de PC de les équiper à nouveau de la version 3.11 !

Dans le même genre, en 1997, le magazine *Virus Informatique*, informait ses lecteurs que certains Cd-rom de démonstration de Microsoft étaient infectés par un virus nommé Concept. En Grande-Bretagne, ce sont les Cd-rom mensuels

1. Source : Y. Chatelain et L. Roche, *Marketing et cybercriminalité*, 4, Paris, Hermès, pp. 70-73.

d'information, à l'intention des partenaires de Microsoft, qui se sont trouvés contaminés par le virus Wazzo.

Si tous les virus ne signifient donc pas obligatoirement la mort du système, ni la perte irrémédiable du disque dur, ils sont conçus pour s'autocopier, sans avertir l'utilisateur, exactement comme le ferait un virus biologique, puis agir conformément à la façon dont ils ont été programmés et, ainsi, contaminer d'autres programmes. Ces types de virus peuvent être relativement inoffensifs. Ainsi, du virus Diana, apparu en Espagne, à la fin janvier 1998 et qui se « contentait » d'afficher les paroles de la chanson dédiée par Elton John à Lady Diana, *Candle in the wind*. À noter que ce virus a été très longtemps « attribué » à la société d'anti-virus, Panda software. Un virus « sympathique », donc, qui n'infectait aucun autre programme.

Mais ces virus inoffensifs font exception, et la justice poursuit les créateurs de virus. Ainsi, en novembre 1995, un Britannique de vingt-six ans a été condamné par un Tribunal d'Exeter, dans le sud-ouest de l'Angleterre, à dix-huit mois de prison ferme pour avoir créé et diffusé des virus informatiques particulièrement sophistiqués. Christopher Pile, un programmeur autodidacte au chômage de Plymouth, avait créé deux virus nommés Pathogene et Queeg qui, selon les experts, ont causé et provoquent encore « un chaos international ». Il avait diffusé ces virus en les masquant dans des jeux informatiques et dans des logiciels anti-virus qu'il avait placés en accès libre sur le réseau Internet dans des banques de données aux États-Unis ainsi qu'en Allemagne. Le pirate avait également mis au point un programme baptisé SMEG qui permettait de déjouer tous les anti-virus du marché grâce à un cryptage très sophistiqué. Arrêté en avril 1994 par la police britannique après une enquête de plusieurs mois, Pile, qui avait pris le pseudonyme de Black Baron UK 94, expliqua s'être inspiré d'une série télévisée de science-fiction très populaire en Grande-Bretagne, *Le Nain Rouge*, pour dénommer ses virus. En énonçant la peine, le juge a affirmé que Christopher Pile avait provoqué des dégâts qui pouvaient être évalués à plusieurs millions de livres sterling, l'accusation ayant notamment cité le cas d'une société qui avait perdu près de 609 800 euros (4 millions de francs).

• Les grandes familles de virus

Défini, donc, en informatique comme un programme dont l'objectif principal est d'altérer, d'endommager ou de détruire un système informatique, le virus peut porter plusieurs appellations, en fonction de son action ou de son chemin de contamination. De petite taille (pour mieux se dissimuler) et complexe à programmer, le virus est vraiment une arme construite par un spécialiste dans le cadre d'une action destructrice bien précise. Exceptés certains vers ou certains *Trojans* (Chevaux de Troie), il n'est donc pas à la portée de tout un chacun.

Trois cibles principales peuvent être repérées : les programmes, le système à proprement parler ou les macros-instructions. Un virus peut donc choisir d'infecter des programmes (fichiers de type .exe et autres) directement exécutables. Il peut, ensuite, contaminer le système essentiel (programmes de démarrage). Enfin, il peut s'attaquer aux célèbres macros-instructions présentes dans des logiciels de type traitements de texte et tableurs[1].

Du plus bénin (souris devenue folle, affichage de messages incongrus à l'écran) au plus offensif (destruction de fichiers sur le disque dur ou du système d'exploitation), trois grandes familles de virus sont, à ce jour, répertoriées.

---

1. www.ifrance.com.

Le ver

Programme qui s'autoreproduit à l'infini et se déplace au travers d'un réseau (Internet, Intranet d'entreprise, réseau local LAN, etc.), le ver est le virus des réseaux par excellence. Parce qu'il peut être joint à un courrier électronique, le virus n'a donc pas besoin de véritable « support physique » pour se déplacer. Il utilise, par exemple, les adresses e-mail du carnet de la victime et se reproduit en se dupliquant pour chaque destinataire, et ainsi de suite. Cependant, si le récepteur de l'e-mail n'ouvre pas la pièce jointe de son courrier, il ne risque rien. Le danger est donc moins important qu'avec un « vrai » virus qui infecte la machine, car les vers sont souvent écrits en VBScript (un langage tout à fait à la portée des *script-kiddies* par exemple) et ne possèdent pas l'architecture complexe des virus au sens propre du terme.

En bref, le ver va donc se propager en utilisant la messagerie électronique de l'utilisateur. En général, il se niche dans une pièce jointe à un courrier, dont l'extension peut être un .exe, un .vbs ou un .doc. Quand l'utilisateur ouvre ce fichier, le ver fouille de façon automatique dans le carnet d'adresses et s'autoexpédie *via* le réseau. Les vers se sont multipliés ces dernières années du fait du développement explosif des messageries électroniques.

Parmi les plus connus : Melissa, en 1999 ; I love you en 2000 (reçu par 48 millions d'internautes et dont les dégâts sont estimés à 10 milliards de dollars) ; Kournikova, en 2001...

La bombe logique

Ce type de programmes s'installe sur un ordinateur et attend un signal externe pour exploser et causer d'énormes dommages. Parce qu'elles doivent être installées « physiquement » sur la machine, les bombes logiques sont les virus de prédilection, par exemple, des employés licenciés qui, ainsi, se vengent de leur ancien employeur. Une fois installée sur l'ordinateur cible, la bombe logique attend un déclencheur, en quelque sorte « son heure » : elle peut être activée par le lancement d'une application, par l'identification de la machine quand elle se connecte à Internet (si elle appartient à une société particulière ou si elle est basée dans un pays spécifique) ou, au passage à une date ou à une heure précises (au 01/01/03 ou le jour de la saint Valentin...).

Parmi les plus connues : Tchernobyl, bombe logique activée le 26 avril 1999, jour du 18e anniversaire de la catastrophe nucléaire, avec des variantes se déclarant le 26 de chaque mois. Tchernobyl s'attaquait aux fichiers et aux disques durs des machines.

Le cheval de Troie

Appelé aussi « Nuisible », car il se place au cœur d'un programme en bonne santé, mais ne s'active qu'au moment de l'utilisation de ce programme, il a une apparence inoffensive. Tant que l'application infectée n'est pas lancée, il ne se passe rien. Mais, lorsque c'est le cas, le cheval de Troie remplit sa fonction virale : vol de mot de passe, copie de données, destructions diverses, etc. Par définition il est donc très difficile à localiser. Le cheval de Troie peut aussi servir à créer des failles de sécurité dans un réseau pour autoriser des accès partagés. La différence par rapport aux autres virus, c'est, d'une part, que le Cheval de Troie ne se reproduit pas et, d'autre part, qu'il ne demande pas réellement de grandes connaissances techniques pour être créé. C'est, en quelque sorte, la « cavalerie légère » des virus. Aussi, n'est-il par rare que les pirates « en herbe » (cf. ci-dessus, *Les lamers, nouveaux « délinquants » du Net...*) commencent par se « faire la main » avec ce type de programmes viraux.

En résumé, le cheval de Troie va donc se présenter sous des atours parfaitement inoffensifs, voire même ludiques. Néanmoins, il peut causer des dommages irréparables. Typiquement, quand on se connecte au Web, le cheval de Troie prévient son auteur et lui indique l'adresse IP de l'ordinateur. Le pirate peut, ensuite, prendre le contrôle de la machine à distance et lire le courrier, voler des mots de passe ou détruire des fichiers.

Parmi les plus connus : Deap throat, Ac-tac ou, plus près de nous encore, Armaggedon.

• Les virus stars

Dans le monde des virus, les vraies « stars » appartiennent le plus souvent à la fois à la famille des vers et à celle des bombes logiques. Ainsi Code Red, du nom d'une boisson à la mode dans les milieux informatiques américains et fortement chargée en caféine, est un ver agissant comme une bombe logique. Il ne s'attaque pas aux ordinateurs des particuliers mais aux serveurs et procède en trois temps. À la veille de l'attaque, il « fait son nid » (40 % des sites gouvernementaux américains ont été menacés). Du 1er au 19 du mois, il se propage d'un serveur à un autre et utilise une faille du logiciel IIS de Microsoft. Du 20 au 27, il attaque les pages d'accueil des sites hébergés par les machines infectées. L'internaute qui se connecte à un site voit alors apparaître le message : « Welcome to http://www.worm.com ! Hacked by Chinese » (*piraté par les Chinois*). Après le 27, il se met en veille jusqu'au cycle suivant.

À ce jour, Code Red aurait infecté plus de 300 000 serveurs et aurait coûté plus de 1,4 milliard d'euros selon la société californienne Computer Economics.

Plus dangereux encore, son avatar, Code Red II, apparu le 4 août 2001, et qui pourrait faire monter la facture – en tenant compte de la baisse de productivité liée au ralentissement des communications, du prix des réparations des machines infectées et des transactions qui n'ont pas abouti à la suite d'une interruption de service – à 2,3 milliards d'euros. Code Red II se développe en deux temps. Contrairement à la première version où il suffisait de redémarrer la machine pour la débarrasser du ver, cette nouvelle variante exige de réinstaller complètement tous les éléments du système d'exploitation. En effet, Code Red II crée sur le serveur une *backdoor* (cf. ci-dessus, *Utilisation de backdoors*) qui permet à un intrus de pénétrer à distance dans la mémoire de l'ordinateur infecté à l'aide d'un simple navigateur Internet et d'un bon bagage technique[1].

Autre « star », Sircam, un ver logé dans un document attaché, envoyé par e-mail et rédigé en anglais ou en espagnol. Dans le corps du message, l'envoyeur salue l'internaute d'un : « Bonjour, comment ça va ? » puis, lui demande son avis sur le fichier joint. Plusieurs variantes existent pour inciter l'internaute à ouvrir le fichier : « Voilà le document avec les informations que tu as demandées » ou : « J'espère que tu peux m'aider avec ce document. » Une fois installé, Sircam fouille le disque dur et y modifie ou y détruit les documents. Dans le même temps, il se propage *via* la messagerie et infecte plusieurs machines. Sircam dispose de son propre serveur de messagerie et n'a plus besoin d'un logiciel comme Outlook pour se diffuser[2].

• Les créateurs des virus

Qui sont les auteurs de virus ? Pour Danielle Kaminsky, journaliste et réalisatrice française qui a mené pendant trois ans une

1. V. Truffy, « Le virus Code Red II se révèle plus dangereux que Code Red », *Le Monde*, samedi 11 août 2001.
2. Source : L. Noualhat, « Trois grandes familles de virus », *Libération*, mardi 7 août 2001.

étude sur les créateurs de virus[1] : « Au contraire de tout ce qu'on pouvait raconter quand j'ai démarré l'enquête, nous explique-t-elle, je me suis rendue compte que les auteurs de virus ne sont pas les préadolescents qu'on disait. La plupart ont entre 25 et 35 ans et sont ou étudiants ou employés dans des entreprises. Je parle là des vrais auteurs de virus, ceux qui créent des programmes originaux, et non de ceux qui plagient ou ne font que "bidouiller" des codes sources de virus déjà écrits [...] Les auteurs de virus, là encore, contrairement à tout ce qu'on racontait sur leur compte, ont une vie sociale bien remplie. Ils ont des amis, apprécient la musique, le cinéma, pratiquent le sport, aiment la lecture [parmi les plus grands créateurs de virus, on trouve une personne qui exerçait une profession littéraire.] Ce ne sont pas des psychopathes, encore moins des gens coupés du monde. [Enfin] un auteur de virus (sauf s'il dissémine son virus à l'intérieur d'une entreprise) ne cible rien et n'a, en réalité, aucun contrôle sur la propagation de son virus. [...] Il n'a qu'un souhait, que sa "création" contamine le plus de machines possible [...] *A contrario*, le pirate informatique, le seul qui puisse répondre au "titre" de hacker, parce qu'il est porté par des motivations qui dépassent son seul plaisir et donc *sa* seule personne, cible la ou les machines qu'il veut pénétrer et participe, ainsi, à édifier les fondements qui, demain [fidèles en cela à l'idéologie des véritables hackers], feront libération et accès à tous des contenus et possibilités des Nouvelles Technologies. »

1. « Auteurs de virus – éditeurs d'antivirus : les liaisons dangereuses », Etude réalisée pour le compte du Clusif (Club de la sécurité des systèmes d'information français) en 1999. Cf. http://www.zataz.com/zataz/danielle.htm pour l'interview intégrale de Danielle Kaminsky.

Épilogue

« Il n'est pas nécessaire d'être à la pointe des technologies pour être hacker. Vous pouvez être "charpentier-hacker". Je crois que cela a à voir, surtout, avec le travail et le soin qu'on y apporte. »

Burell Smith

Voici un texte écrit en… 1986 par un ancien hacker surnommé The Mentor.

Le manifeste du hacker

« Un autre s'est fait prendre aujourd'hui, c'est partout dans les journaux à scandale : "Un adolescent arrêté pour crime informatique [...] Arrestation d'un hacker après le piratage d'une banque…" Satanés gosses, tous les mêmes! Mais avec votre psychologie de "bas étage" et votre profil technocratique de 1950, avez-vous cherché un seul instant à regarder le monde tel que le voit un hacker? Ne vous êtes-vous jamais demandé ce qui le faisait agir ainsi, quelles forces pouvaient bien le modeler?
Je suis un hacker, entrez dans mon monde… un monde qui commence avec l'école… Je suis alors peut-être un peu plus astucieux que la plupart des autres enfants. Plus tard, je suis au collège, puis au lycée. J'ai écouté les professeurs expliquer, une fois encore, comment réduire une fraction. "Non, Mme Dubois, je ne peux pas montrer mon travail. Je l'ai fait dans ma tête."
Satanés gosses, tous les mêmes! Aujourd'hui, j'ai fait une découverte. J'ai trouvé un ordinateur. Il fait ce que je veux. Quand il fait une erreur, c'est moi qui me suis trompé. Ce n'est pas parce qu'il

ne m'aime pas… ni parce qu'il se sent menacé par moi… ni parce qu'il pense que je suis un petit filou… ni parce qu'il n'aime pas enseigner et qu'il ne devrait pas être là…
Satanés gosses, tous les mêmes ! Tout ce qu'il fait avec l'ordinateur, c'est jouer. Une porte, pourtant, s'est ouverte sur le monde… C'est notre monde maintenant… Le monde de l'électron et de l'interrupteur. Nous utilisons un service déjà existant, sans payer ce qui pourrait être bon marché si ce n'était pas déjà marqué : "Propriété de…". Et vous nous appelez criminels alors que nous ne faisons qu'explorer.
Je suis un hacker, et ceci est mon manifeste. Vous pouvez m'arrêter mais vous ne pouvez pas tous nous arrêter… Après tout, ne sommes-nous pas tous les mêmes… »

Pour le non-initié, ce qui pourrait être appelée la « hacker attitude » est peu visible sur le Réseau. Aussi, un amalgame tend-il à se faire autour du terme même de hacker auprès du grand public. À ce titre la plupart des médias ont une large responsabilité dans la diffusion d'une image fausse et réductrice par la médiatisation à outrance d'actes de vandalisme commis sur le Réseau, particulièrement par des *script-kiddies* en mal de notoriété.

Pour véritablement comprendre la philosophie – et, au-delà, l'éthique du hack – il faut se rapporter à leurs écrits. Parmi ceux-ci, un manifeste, « The Hacktivismo Declaration », posté le 4 juillet 2001 sur la liste de diffusion NetTime[1]. Comme mentionné ci-dessus, cette déclaration prend une coloration encore particulière depuis les événements du 11 septembre et les décisions « collatérales » de plusieurs États de renforcer le contrôle du Réseau. Dans ce manifeste, les hackers précisent leur ligne de conduite. Une ligne de conduite très proche de celle des

1. Disponible sur : http://www.cultdeadcow.com/cDc_files/declaration.html.

Lumières, presque Voltairienne, qui promeut non seulement la liberté de dire et de penser quel qu'en soit le prix à payer, au sens moral s'entend, mais, tout autant, la capacité à se battre jusqu'au bout, s'il le faut, pour que chacun puisse exprimer ses idées librement, y compris celles qui vont à l'encontre de ce pour quoi se battent les hackers.

La déclaration d'indépendance des hackers

« L'internationale des censeurs progresse. La censure étatique de l'Internet avance à grande vitesse et, de la Chine au Moyen-Orient en passant par l'Afrique, de plus en plus de pays limitent l'accès aux informations. Enfin… presque. Nous publions aujourd'hui cette déclaration d'indépendance afin de fortifier, jalonner et revendiquer une vision de l'Internet pour laquelle nous sommes prêts à nous battre.

« […] La liberté d'expression est assiégée aux marges d'Internet. Un certain nombre de pays censurent l'accès au Web par un filtrage des DNS [Domain Name Service]. Aussi, toute information "politiquement incorrecte" se trouve-t-elle bloquée à partir de son adresse – le nom qui apparaît devant le .com, ou .net, ou .org, etc. D'autres bloquent toute expression politiquement ou socialement sensible à partir d'un filtrage des contenus.

« Pour *Hacktivismo* et *Cult of The Dead Cow*, les limites ont été dépassées. En tant que hackers et défenseurs de la liberté d'expression, nous avons décidé de développer des technologies qui permettent de passer outre la censure de l'Internet que financent et soutiennent certains États. […] comme la République Populaire de Chine, Cuba et de nombreux pays islamistes. Si la majeure partie le font sous couvert de censure des contenus pornographiques, la réalité montre qu'ils interdisent toute expression de quelque forme d'opposition que ce soit. Ainsi, en Zambie, le gouvernement a tenté de censurer certaines informations révélant ses projets de référendums constitutionnels. En Mauritanie, les propriétaires de cybercafés sont tenus de fournir aux services de renseignement les copies des e-mails envoyés ou reçus depuis leurs établissements.

« [...] Nous ne supportons plus ce genre de violations manifestes des droits de l'homme et de la liberté d'expression. Les démocraties libérales ont beau jeu de parler du libre accès aux informations. Les hackers ne laisseront pas certains gardiens du Temple ridiculiser la Convention Internationale des Droits Civiques et Politiques, pas plus que la Déclaration Universelle des Droits de l'Homme. Et nous sommes prêts à payer ce qu'il faudra pour ça.

« Prenant pour bases les principes et objectifs inscrits dans l'Article 19 de la Déclaration Universelle des Droits de l'Homme [...] nous déclarons :

1. Que nul ne peut être inquiété pour ses opinions.
2. Que toute personne a droit à la liberté d'expression ; ce droit comprend la liberté de rechercher, de recevoir et de répandre des informations et des idées de toute nature, sans considération de frontières, sous une forme orale, écrite, imprimée ou artistique, ou par tout autre moyen de son choix.
3. L'exercice des libertés prévues au paragraphe 2 du présent article comporte des devoirs spéciaux et des responsabilités spéciales. Il peut, en conséquence, être soumis à certaines restrictions qui doivent toutefois être expressément fixées par la loi et qui sont nécessaires :

   - Au respect des droits ou de la réputation d'autrui.
   - À la sauvegarde de la sécurité nationale, de l'ordre public, de la santé ou de la moralité publiques.

Nous déclarons :

1. Le respect entier des droits de l'homme et des libertés fondamentales, y compris la liberté d'accès de manière juste et raisonnable aux informations, quel qu'en soit le support (Internet ou autre média).
2. Nous reconnaissons le droit aux gouvernements d'interdire la publication de certaines catégories bien précises de secrets d'État, de pédo-pornographie et autres enjeux relatifs à la vie privée et aux données personnelles... Mais nous nous opposons à l'utilisation des pouvoirs étatiques en vue de contrôler l'accès aux travaux critiques, intellectuels, artistiques ou religieux.
3. La censure gouvernementale d'Internet va à l'encontre de la coexistence pacifique et civilisée. Elle affecte l'exercice de la démocratie et menace le développement socioéconomique des nations.
4. La censure étatique d'Internet est un acte grave de violence systématique, organisée à l'encontre des citoyens. Elle génère, de façon intentionnelle, des désordres et de la xénophobie. Elle est une forme répréhensible de violation de la confiance accordée par les citoyens aux gouvernements.
5. Aussi, étudierons-nous toutes choses et moyens susceptibles de contourner ces formes de censures gouvernementales d'Internet et fournirons des technologies qui permettent de passer outre les violations des droits à l'information.

Pour diffusion immédiate, le 4 juillet 2001, *Hacktivismo* et *Cult of The Dead Cow*[1]. »

1. http://www.cultdeadcow.com.

En réponse aux différents « faits d'armes » et aux techniques toujours nouvelles mises en œuvre par les hackers, il n'est pas inintéressant de rappeler, en conclusion, le travail de l'ensemble des gouvernements, non seulement pour légiférer Internet mais bien pour « reprendre la main » sur un territoire qui leur échappe encore. Pour cela, les gouvernements prennent appui sur l'actualité. Ainsi, comme le monde entier restera marqué par les événements terribles du 11 septembre, de nombreux États développent, désormais, une volonté farouche de contrôle qu'illustrent de nombreux projets de loi qui visent à encadrer au plus près l'utilisation du Net.

Au-delà, c'est bien l'idéologie hacker qui est visée – comme si ces mêmes hackers étaient responsables de tous les maux, à commencer par les plus graves, ceux perpétrés par les actions terroristes. Or, il faut en être convaincu, que les hackers se situent dans la droite ligne de l'idéologie qu'ils défendent, ou qu'ils ne soient que de « vulgaires » pirates, aucune tentative de sécurisation d'Internet n'empêchera jamais les terroristes de communiquer entre eux. Pas plus que la défense aérienne du pays le plus puissant de la planète n'a pu empêcher le crash de trois Boeings sur les Twin Towers et le Pentagone.

Ainsi, après avoir voulu faire croire que les terroristes avaient utilisé des échanges de photos pornographiques pour transmettre leurs messages codés, l'attorney général John Ashcroft, un officiel du FBI, a reconnu le 18 septembre 2001 que si de nombreux courriers électroniques avaient bel et bien été échangés entre les principaux suspects plusieurs mois avant le jour des attentats, ces courriers n'avaient jamais été protégés par un quelconque moyen de chiffrement. De sorte que, comme le souligne l'inventeur du logiciel de cryptage Pretty Good Privacy, il nous faut être vigilants, car si nous commençons à installer un système de surveillance général et permanent d'Internet, cela signifie la privation de nos libertés et donc, en toutes fins, la victoire des terroristes.

Annexes

Petit lexique du hack[1]

2 600 : 2 600 MHz, c'est la fréquence utilisée dans le phreaking (voir ce mot). C'est aussi le nom d'un groupe de hackers américains. Ce groupe édite des magazines et possède un site légal sur le Net où chacun peut prendre connaissance de ses « hauts faits ». Des réunions du 2 600 existent en France à Paris et à Lyon. Beaucoup de hackers pensent qu'ils sont infiltrés par la police.

3P : Comptes pour se connecter à Internet. Il existe des logiciels spécialisés dans la récupération de logins (identifiants des utilisateurs) et des passwords (mots de passe) permettant l'accès aux comptes 3P.

A

A2P : Agence pour la protection des programmes. Chasseur de pirates, Daniel Duthil est le créateur et le responsable de l'agence depuis 1992.

Abo ou aboz : Crédit acheté à un BBS (voir ce mot) pirate qui permet de télécharger des logiciels. Par exemple, pour 122 euros par mois, il est possible de télécharger un giga de données.

Appz : Terme qui désigne des applications qui permettent de pratiquer le « hack ». Sur 18 000 sites testés à des fins expérimentales par des hackers ne se servant que de logiciels disponibles gratuitement sur le Réseau (par exemple, jamer – voir ce mot – ou brutus...), 88 % des serveurs ont été pénétrés.

1. Source : Damien Bancal, http:/www.zataz.com.

B

Backdoor : « Trou » de sécurité créé dans un ordinateur après une première intrusion.

BBS : Bulletin Board System. Site dédié à un sujet particulier. Dans l'univers des pirates, le board permet de télécharger des programmes. Parce qu'ils sont coûteux en communication, le Net fait disparaître peu à peu les BBS (excepté, bien sûr, pour les phreakers). Pour créer un BBS, il faut une ligne de téléphone, un modem et un ordinateur.

BCRCI : Brigade Centrale de Répression du Crime Informatique.

BEFTI : Brigade d'Enquêtes sur les Fraudes aux Technologies de l'Information.

Beta-testeur : Le beta-testeur est une personne qui teste pour une entreprise un logiciel en cours de réalisation. Son travail est de découvrir les bugs, c'est-à-dire les problèmes, les incompatibilités, les dysfonctionnements... et de donner son avis sur l'ergonomie du logiciel (au premier rang duquel, sa facilité d'utilisation).

Black box : Comme son nom l'indique, la black box est une petite boîte noire dans laquelle un système informatique agit comme un leurre et fait croire aux opérateurs téléphoniques qu'une ligne est occupée (elle peut également simuler l'absence du décrochage de la ligne). Le système permet donc, au moins pour un temps, de ne pas payer les factures téléphoniques et, comme tout ce qui relève du hack, il est tout à fait illégal.

Blue box : Autre système de piratage des opérateurs de télécommunication, la blue box utilise des fréquences numériques pour détourner les commutateurs téléphoniques.

Board : Autre terme servant à désigner un BBS (voir ce mot).

Bulker : Logiciel qui permet l'envoi en masse de fichiers (textes, sons, images) à destination des newsgroups ou des boîtes aux lettres privées (mail).

Busted : Dans le monde du hack, c'est l'arrestation par les « V », c'est-à-dire par les « visiteurs » (FBI, CIA, DST, DGSE...).

C

Calling card : C'est le principe des cartes de téléphone par abonnement. En France il existe la carte pastel qui se compose de 10 chiffres et d'un code secret. Le pirate, s'il le veut, peut téléphoner d'où il le souhaite sur le compte du vrai propriétaire de la carte.

Carding : Délinquance liée à l'utilisation de cartes bancaires (conception, fabrication,...).

CCC : Le Chaos Computer Club est un groupe célèbre de hackers, créé en Allemagne. Ce groupe est légal depuis 1996. Son but est de protéger les utilisateurs des abus de l'informatique. Son responsable est Andy Mueller Maghun. L'un de ses leaders, Tron, a été assassiné (par la mafia ? par des services secrets ?), même si la version officielle de sa mort a longtemps été celle du suicide.

Cheval de Troie : Programme introduit dans un ordinateur à l'insu de son utilisateur et qui permet d'en prendre le contrôle à distance. Il est alors possible de lancer des commandes d'effacement de fichiers, de communiquer des informations sensibles à l'extérieur ou, encore, de créer une backdoor (voir ce mot).

Clipper : Puce de cryptage lancée par l'Administration Clinton pour contrôler le Net. Le logo anti-clipper représente un poing qui serre deux éclairs.

Coder-maker : Son rôle est de casser des protections.

Cracker : Le cracker est celui qui brise les sécurités d'un système. Le cracker est souvent confondu avec le hacker, ce dernier répondant, lui, à une véritable idéologie. Le cracker désigne aussi un logiciel qui a pour fonction de « casser » les mots de passe. Le plus connu de ces programmes est Crackjack (également appelé Crjack14, voir ce mot).

Crasher : Dans la lignée du cracker, le crasher est là pour détruire. Pirate dangereux, il détruit pour le plaisir de détruire.

Crédit : Représente la somme en kilo-octets dont on dispose sur un BBS (voir ce mot).

Crjack 14 : Logiciel destiné à « casser » des mots de passe. C'est un cracker de mots de passe très complet.

D

Demomaker : Le demonmaker est passé du « bon côté » de l'underground informatique. Il réalise des démonstrations ou des introductions (de crack...). C'est donc un ancien « délinquant » informatique « retourné » qui travaille désormais pour les services officiels.

Déplomber : Déplombe, déplombage ou déplomber, c'est le fait d'enlever une protection (par exemple, pour avoir accès à un logiciel).

Désassembleur : Permet de désassembler un programme. Pour cela, on utilise un langage que l'on appelle « assembleur ». Le mot est aussi utilisé dans le cas ou l'on souhaite mettre un logiciel sous forme de code : langage C, Cobol... L'assembleur permet de repérer l'endroit du programme où se situe la protection pour pouvoir la faire sauter.

Desimlocker : Changer la carte Sim d'un portable.

Dongle : Espèce de « clé » à insérer dans le port de l'ordinateur, c'est une protection physique pour protéger un logiciel.

DST : Direction de la Sécurité du Territoire ou Direction de la Surveillance du Territoire, la D.S.T. est un service de contre-espionnage qui dépend du ministère de l'intérieur. Le fantasme de tout pirate est de se faire arrêter par la DST. Les hackers surnomment les agents de la DST, les « V », pour « visiteurs ». La DGSE, qui est l'autre service de contre-espionnage, dépend de l'armée.

E

Electro-wizard : « Magicien de l'électronique », tout ce qu'il touche se transforme en décodeur, black boxes et autres « surprises » électroniques.

Élite : Désigne la « haute société » de la scène, c'est-à-dire de la communauté des hackers. Coder, cracker, demomaker... une élite cherche et trouve toutes les news. Les véritables membres « élite » sont très discrets et quasi inconnus.

Empty site : Comme son nom l'indique, c'est un site vide qui ne contient aucune news ou seulement quelques goodies : des vieux programmes, appelés aussi gamez (voir ce mot) ou fake (voir ce mot). Son seul objet : générer du trafic.

F

Fake : Vieux programme.

Fake stamps : Moyen de ne pas payer le courrier en « trafiquant » le timbre. La méthode la plus connue est encore celle de la colle UHU. (Avec cette colle, on pose le timbre puis on l'enlève. Parce que la trace subsiste, la poste achemine le courrier le plus souvent sans aucun problème).

Fat ass site : Site de professionnel, il est la « Rolls » de la news (voir ce mot) et déborde de nouveautés.

Firewall : Porte coupe-feu, sorte de filtre entre plusieurs machines, elle sert à protéger un réseau. Le hacker aime « jouer » avec les firewalls.

Fuck U lamerz : Message laissé par un « élite » qui n'a pas trouvé son « bonheur » sur un site. C'est aussi le message laissé par un hacker qui a percé un code de sécurité trop rapidement.

G

Gamez ou Jeux Goodies : Vieux programmes.

Graveur : C'est un lecteur de Cd-rom qui permet de lire mais aussi de graver des Cd.

H

Hacker : « Bidouilleur » ou, plus sûrement, un passionné par la création de programmes et, parfois, par l'intrusion dans les ordinateurs. Surdoué de l'informatique, il préfère la méthode inductive (par essais et erreurs) à la « lecture suivie » des modes d'emploi. On assimile souvent le hacker au cracker (voir ce mot) ou pirate informatique. Ce dernier possède les capacités techniques du hacker mais il les utilise pour « craquer » les systèmes les mieux défendus, y pénétrer, s'y promener et, éventuellement, y établir des modifications qui le rendront prioritaire. Les hackers constituent une sous-culture qui possède de nombreuses ramifications. Les réseaux leur servent de point de ralliement. Leurs langages favoris sont le C, le Lisp ou le Forth. En général, ils méprisent le Cobol et le Fortran, considérés comme vieux, lourds et mal conçus. Ils détestent tout autant Ada, Pascal et Basic. Ils sont hostiles à tout système qui ne laisse pas une totale liberté de navigation dans les arcanes du système d'exploitation… ce ne sont pas des crashers (voir ce mot) !

Hacker's handbbook : C'est le manuel du parfait pirate, disponible, par exemple, sur des serveurs comme Galaad.

Hexagone : La protection hexagone protège un logiciel en 5 phases. Si l'une des phases est oubliée, les 4 autres réparent la sécurité manquante.

Hip : C'est la plus spectaculaire des manifestations qui regroupe chaque année aux Pays-Bas un peu plus de 2 000 hackers venus des 4 coins de l'Europe. C'est le « Woodstock de l'informatique ». Des conférences, des tests et des concours autour du hacking y sont organisés. À l'origine, les participants devaient être invités mais, comme la plupart des groupes de hack, ils sont aujourd'hui largement infiltrés par les organes officiels.

Hoax : Canular sur le Net.

I

Intro-makers : L'intro-maker réalise des introductions qu'il place au lancement d'un logiciel cracké. L'intro-maker devient très vite Demo-maker, ce qui lui permet de conserver le plaisir de la création mais, cette fois, en toute légalité.

J

Jammer : Un logiciel pour éviter de se faire « tracer ».

Jill20 : Un autre cracker très efficace.

L

Lame, lamer, lamerz : Le lamer copie tout ce qu'il trouve. Sur le Net, tout le monde traite tout le monde de lamer qui est synonyme de débutant.

Leech, leetch, leecher : Crédits d'accès à un BBS, c'est aussi le fait de venir chercher quelque chose sur un board.

Loaded site : Site ou BBS à visiter d'urgence car il contient beaucoup de news.

Login : Nom d'utilisateur. Le pirate va tout faire pour s'approprier des logins pour hacker en « paix » et, ainsi, multiplier les pistes pour éviter d'être tracé.

N

News : Nouveautés. Logiciels qui viennent tout juste de sortir sur un BBS (voir ce mot).

Nuke : Déconnexion à distance d'un utilisateur.

O

Oldiez, Oldies : Synonyme de Fake (voir ce mot).

P

P(a)bx : Private (automatic) branch exchanger. Un standard automatique qui aiguille sur le poste désiré après avoir composé un code particulier. Le Pabx utilise le réseau téléphonique interne de l'entreprise. Les hackers l'utilisent pour faire payer la communication par l'entreprise qui possède le Pabx.

Party-line : Moyen pour appeler une personne sans payer la communication, la party-line est utilisée lors de coding party qui sont des réunions sur le Net entre hackers pour « casser » du code…

Password, pwd : Mot de passe.

Pgp : Pretty good privacy. S'il n'existe pas, aujourd'hui, de connexions qui ne puissent être interceptées par un hacker, un pirate, ou un phreaker, des avancées pour protéger au mieux les échanges sur le Réseau ont été réalisées. Mais, parce que ces moyens utilisent des modes de cryptage comme le Pgp (Pretty good privacy) de Zimmermann, ils sont considérés, par des pays comme la France, comme des outils réservés à la Défense Nationale. Aussi, sont-ils interdits. Quant à la « libéralisation » des modes de cryptage dont il est question aujourd'hui, celle-ci reste à prouver dans les faits.

Phreaker : Délinquant informatique et, par extension, pirate spécialisé dans la fraude des opérateurs de télécommunications.

Phreaking : Le phreaking consiste à pirater le téléphone par différents procédés, Black Box, Blue Box, Calling-cards… (voir ces mots). Il s'agit, en général, de trouver un moyen d'accès à une ligne de maintenance par l'intermédiaire d'un numéro vert (gratuit). La légende veut que le premier phreaker ait utilisé un sifflet donné en cadeau dans les paquets de céréales de la marque Cap'n Crunch (en 1960 pour les collectionneurs) et produisant une fréquence identique à celle des commutateurs téléphoniques de l'époque, soit 2600 MHz. Du point de vue des compagnies téléphoniques, il s'agit d'une escroquerie caractérisée, du point de vue des hackers et des phreakers, d'un simple jeu intellectuel « bon enfant ».

Porteuse : Son émit par une ligne téléphonique qui indique une connexion à un modem, un fax...

Prankster : « Farceur », ancêtre des phreakers.

Proggy : Programme qui enregistre les frappes du clavier pour que celles-ci puissent être consultées ultérieurement. Utilisé pour « casser » les mots de passe.

S

Scanner : Logiciel qui « essaie » des numéros de téléphone. Il indique porteuses, lignes normales, fax, modem, Pabx... et indique si le site est protégé ou non...

Sites Ftp warez : Site Internet ou se trouvent des news (voir ce mot).

Skimmer – skimming : Personne – Appareil qui recopie les informations contenues sur la bande magnétique des cartes bancaires.

Sniffer : Logiciel qui intercepte des informations ou des fichiers circulant sur un réseau, par exemple des codes d'accès ou le contenu de messages électroniques. Utilisé par les pirates et par les services de renseignement. Il n'y a pas que les hackers qui utilisent des sniffers... les forces de l'ordre aussi !

Social Engineering : La base de la piraterie informatique. Cela consiste à se renseigner auprès de la cible pour connaître un mot de passe, un numéro de téléphone ou, tout simplement, le nom d'un utilisateur d'un micro dans une entreprise.

Stuff : Mot argotique désignant du matériel.

Supplyer : Il fournit la nouveauté à « déplomber ». La légende veut que le premier Supplyer ait été la poubelle de la société Loriciels. Chaque soir des pirates la visitaient pour récupérer les disquettes jetées. Depuis, les broyeurs ronronnent...

Swapper : Le swapper diffuse les warez (voir ce mot) les plus récents.

Swapper-scanner : Chasseur de calls (de numéros de téléphones), de porteuses et, plus généralement, de tout ce qui permet de développer des communications gratuites.

Sysop, Root : Personne qui gère un système, un board, un site Internet.

T

Telco : Compagnie du téléphone (France Télécom, AT&T...).

This site sucks : Site pirate vide, c'est un site qui fait venir avec de fausses news.

Trader : Ce sont les « dealers » de news, ils se chargent de récupérer et de distribuer les news (voir ce mot).

Trainer : Petit programme qui permet d'avoir, dans un jeu, des vies et de l'énergie de façon infinie.

Trainer-maker : Cherche et réalise les trainers (voir ce mot).

V

Vcard : Logiciel pour générer des numéros de cartes visa et mastercard.

Virus : Minuscule programme qui contrarie un système.

Vnc : Permet de contrôler la souris et le clavier d'une victime, tout en voyant à distance son écran ! Extrêmement efficace, cette méthode peut aussi servir pour administrer (au sens large de la « gestion » – par exemple en milieu professionnel) une machine à distance.

W

War-dialer : Programme qui recherche des numéros de téléphones.

Warez : Logiciel piraté.

Winnuke : Le plus célèbre « nuker » pour win95 (voir nuke).

Wsping32 : Un « tracer » très simple d'emploi (à noter que celui-ci est en freeware, c'est-à-dire qu'il est gratuit, libre d'utilisation et sans licence).

Y

Yescard : Carte bancaire qui permet de débiter un compte qui n'existe pas.

Z

Zataz : Zataz est un e.zine (magazine) créé par Damien Bancal dans l'esprit de Hakim Bey qui a fortement influencé le monde cyber, notamment par la définition de la « taz » (temporary autonomous zone – zone d'autonomie temporaire). Nous retrouvons sur zataz.com toutes les informations sur le piratage informatique et l'univers « underground » du Net.

http ://www.zataz.com

Table des interviews

Sources

- Alberganti, « Les pirates de la Toile à l'offensive contre les géants de la netéconomie », *Le Monde*, 9 février 2000.
- Bancal, www.zataz.com.
- Belot et Renault, « Les attaques sur le Net ébranlent la nouvelle économie », *Le Monde*, vendredi 11 janvier 2000.
- Bey, *TAZ.*, Trad. Trèguier, Lamia et Latarget, Paris, L'éclat, 2000.
- Chatelain et Roche, « L'hackting marketing », *in* Ravot (éd.), *Le Webmarketing*, Paris, Hermès, 2001.
- Chatelain et Roche, *Internet 2002, Le Webmarketing en action*, Paris, Maxima Laurent du Mesnil, 2001.
- Chatelain et Roche, *Internet, comment augmenter le trafic sur son site et gagner de l'argent*, Paris, Maxima Laurent du Mesnil, 2000.
- Chatelain et Roche, *Marketing et cybercriminalité*, Paris, Hermès, 2000.
- Chatelain and Roche (Adapted by), *Hacking Dictionnary, the jargon files*, Paris, L'Harmattan, 2001.
- Chatelain, Grange et Roche, *Travailler en groupe avec les Nouvelles Technologies de l'Information et de la Communication*, Paris, L'Harmattan, 1999.
- Cléo, « Virus », *Le Monde*, mercredi 24 mai 2000.
- Eudes, « Au bonheur des pirates », *Le Monde*, jeudi 26 octobre 2000.
- Eudes, « Du FBI aux chasseurs de prime, la traque des pirates est ouverte », *Le Monde*, vendredi 11 février 2000.
- Eudes, « Qui a peur de Dennis Moran? », *Le Monde*, samedi 1er juillet 2000.
- Eudes, « www.2600.org », *Le Monde*, mercredi 26 janvier 2000.
- Eudes, « www.cultdeadcow.com », *Le Monde*, jeudi 11 janvier 2001.

- GIMENEZ, « Firewall, l'arme anti-pirates », *Le Monde*, mercredi 22 novembre 2001.
- GONZAGUE, MANACH, PANSU, PIQUARD, PORTRAIT et TROMPARENT, « Qui a peur des hacktivistes ? », *Transfert* n° 8, octobre 2000.
- HIMANEN, *L'éthique hacker et l'esprit de l'ère de l'information*, Paris, Exils, 2001.
- HUMPICH, *Le cerveau bleu. Coupable d'avoir percé le secret de la carte bancaire,* Paris, XO Éditions, 2001.
- JORDAN and TAYLOR, « A sociology of hackers », *Sociological Review*, 1998.
- LABROSSE, « Hackers, la cyberculture à ses extrêmes. »
- LE DIBERDER, « Pirate », *Le Monde*, mercredi 4 avril 2001.
- LE SOLLEU, *La Tribune des marchés*, mercredi 14 avril 1999.
- LEVY, *Hackers : Heroes of the Computer Revolution*, New York, Delta, 1984.
- NOREK, Expert auprès de la Cour d'Appel de Paris, 2000.
- NOUALHAT, « Trois grandes familles de virus », *Libération*, mardi 7 août 2001.
- RAYMOND, « How to become an hacker? », document publié sur Internet.
- RICHARD, « Hacker brisé », *Libération*, mardi 14 mars 2000.
- SHIMOMURA et MARKOFF, *Cybertraque, la chasse au pirate informatique le plus célèbre des États-Unis*, Paris, Plon, 1998.
- SORBIER L., « NTIC », Conférence, Paris, IEP, 2001.
- TRUFFY, « Le virus Code Red II se révèle plus dangereux que Code Red », *Le Monde*, samedi 11 août 2001.
- ZDNet France, 1998.
- ZDNet France, 7 août 1999.

- « Les mots infectés », *Le Monde Interactif*, mercredi 10 mars 1999.
- *Agence France Presse*, novembre 1999.

- *Associated Press*, février 2000.
- *Associated Press*, mars 2000.
- *Futur(e)s*, juillet 2001.
- Enquête Ipsos pour Powow.net., 2001.
- *Le Monde*, mercredi 26 janvier 2000.
- *Les Échos*, mercredi 24 mai 2000.
- *Symantec* France.

http://www.2600.com
http://www.annonline.com
http://www.ccc.de
http://www.cert.org
http://www.cultdeadcow.com
http://www.cyber-comm.com
http://www.defcon.org
http://www.ifrance.com
http://www.parodie.com
http://www.quebecmicro.com
http://www.spiegel.de
http://www.silicon.fr
http://www.zataz.com

Ouvrages de la collection
Management technologique
Groupe ESC Grenoble
chez

MAXIMA
LAURENT du MESNIL • ÉDITEUR

- GRANGE et ROCHE, *Management et technologie*
- ROCHE et GRANGE, *Innovation et technologie*
- Sous la dir. de ROCHE, *Cybergagnant technologie, cyberespace et développement personnel*

Autres ouvrages
Internet et Nouvelles technologies

MAXIMA
LAURENT du MESNIL • ÉDITEUR

- S. BRADLEY, NOLAN R., *Internet, Intranet, Réseaux : mieux identifier et répondre aux besoins des clients.*
- Y. CHATELAIN, ROCHE L., *Internet, Comment augmenter le trafic sur son site et gagner de l'argent.*
- Y. CHATELAIN, ROCHE L., *Internet 2002, Le Webmarketing en action.*
- S. GODIN, *Les secrets du marketing viral.*
- S. GODIN, *Permission marketing, les leçons d'Internet en marketing.*
- B. HALL, *e-learning, former vos salariés par Internet.*
- B. LIAUTAUD, *e-business intelligence. Transformer l'information en connaissance et en profit.*
- T. SIEBEL, HOUSE Pat, *Cyber Rules. Stratégies pour exceller dans l'e-commerce.*
- T. SIEBEL, *Bien gérer son e-business.*

Achevé d'imprimer en mars 2002
sur les presses de la Nouvelle Imprimerie Laballery
58500 Clamecy
Dépôt légal : mars 2002
Numéro d'impression : 202056

Imprimé en France